BAY MADEMBA

Il mio viaggio della speranza

dal Senegal all'Italia in cerca di fortuna

Giovane Africa Edizioni

à yaye Fatou Kine Fall

Quando ero in Senegal, a otto anni ho sentito pronunciare da qualcuno il nome dell'Italia; tuttavia il primo nome di un paese europeo che ho conosciuto, è stato la Grecia. Il babbo di un mio amico lavorava sui pescherecci di armatori greci, i quali raccontavano delle cose meravigliose su quel che accadeva lassù in Europa.

Io mi immaginavo chi sa che, mentre, ora che ci vivo, vedo che la realtà è ben diversa dai miei sogni.

In Senegal persi presto il mio babbo; lui aveva quarantadue anni. La mia mamma era molto giovane perché si era sposata a tredici anni, ed aveva nove figli. Io avevo sette anni.

La mamma dovette darsi da fare per crescere i figli, per fortuna cinque erano maschi e via via che crescevano potevano portare un aiuto economico. Per farsi coraggio ci dicevamo l'un l'altro: "Ora che non c'è più il babbo, noi siamo i babbi, noi siamo i fratelli, noi siamo gli zii."

A dodici anni la mamma mi mandò a Thiès, una città distante 75 chilometri da Dakar, a casa del professor Bath che mi ospitò gratuitamente e mi insegnò la cultura francese. Lì ho provato a fare il contadino, ma la vita era dura e dopo due anni sono tornato a casa.

Ho studiato fino a sedici anni, ma non vedevo l'ora di dare il mio aiuto alla famiglia e anche durante la scuola, se trovavo da far qualcosa, lo facevo.

A sedici anni mi impiegai come falegname da un artigiano ed imparai a costruire finestre, porte e mobilia in genere. Guadagnavo un pochino di soldi, diciamo tre euro al giorno, cioè tremila CFA senegalesi.

La mattina, mentre ero al lavoro, una mia sorella passava con la borsa per andare al mercato e diceva: "mamma mi ha detto di farmi dare dei soldi per la spesa." Ed io davo tutto quel che avevo, e mi rendevo conto come era stato bravo il mio babbo, quando da solo si preoccupava di campare tutta la famiglia.

Ma i soldi non bastavano mai ed io mi inventai un altro lavoro per poter sostenere meglio la mamma.

Siccome avevo notato un grande parcheggio dove c'erano tanti taxi, una mattina, prestissimo, alle cinque, con uno strofinaccio in mano, cominciai a pulire per bene tutte le automobili che saranno state un centinaio. Qualcuno mi dette cinquanta centesimi (duecento CFA), qualcun'altro niente, perché nessuno mi aveva chiesto di fare quel servizio di autolavaggio.

Per arrotondare il mio magro guadagno di lava macchine, in quel periodo mi producevo in spettacoli teatrali, perché noi della mia famiglia siamo da generazioni e generazioni dei *griot*, cioè cantastorie. In seguito, sfruttando la mia possanza fisica (sono alto quasi due metri, senza un filo di grasso), ho iniziato a fare l'insegnante ginnico in una palestra.

Insomma mi davo da fare come fanno tanti uomini in Senegal.

Ci sono ad esempio dei capifamiglia con molte persone a carico che, pur non avendo un lavoro fisso, la mattina si alzano presto per trovare qualcosa con cui sfamare i congiunti.

Si svegliano alle quattro, fanno la preghiera, poi escono senza una mèta precisa, e ogni giorno, grazie alle mani di Dio, alle dieci hanno raggranellato qualcosa da dare ai propri cari.

C'è chi va al porto, dove magari ci sono dei battelli con viaggiatori provenienti dall'Europa, i quali hanno bisogno di facchini per trasportare i numerosi bagagli che sempre si portano dietro. E così, ci si mette qualche soldo in tasca con le mance. Oppure qualcuno va al mercato, dove c'è sempre tanto da fare, e trova spesso un lavoretto da sbrigare in cambio di qualche soldino.

Ma io, per quanto mi impegnassi, combinavo poco e non riuscivo ad aiutare la mia famiglia come avrei voluto.

Ero giovane, pieno di fiducia in me stesso, ottimista. Avrei voluto espatriare verso l'Europa, ma non era facile perché ci volevano molti soldi per ottenere un visto e non sempre la cosa andava in porto. Allora decisi di andare in Costa d'Avorio, dove il permesso di soggiorno costava 15 euro l'anno, cifra che per gli europei è bassa mentre in Africa è qualcosa. Sono partito nel 1998, e ci sono stato due anni.

In Costa d'Avorio si sono trasferiti molti senegalesi che lavorano, hanno i soldi e stanno bene. Io vivevo in un centro che si chiama Trechiville, nella capitale che si chiama Abigjan. Lavoravo sul *plateau*, cioè nel centro economico, nella city, dove ci sono gli uffici economici e finanziari, davanti a una banca di nome BAD (*Banque africaine développement*).

Quelli della Costa d'Avorio erano bravi ed io ci stavo bene.

Vendevo vestiti bellissimi comprati a saldo nei negozi d'Europa. Per ogni cliente sapevo presentare l'abito giusto, intuivo se preferiva il completo elegante o lo spezzato sportivo, se prediligeva i colori sobri o quelli sgargianti, le linee classiche o quelle di tendenza che amano i giovani. Insomma accontentavo la clientela e guadagnavo qualcosa.

L'unico problema erano alcuni militari della Costa d'Avorio che non erano bravi. Appena arrivi ti danno all'istante il permesso di soggiorno perché hai pagato, ma ogni giorno che vai a vendere per le strade o anche se vai a fare un giro, se loro ti vedono, ti avvicinano, ti controllano, ti chiedono di esibire il permesso di soggiorno. Se tu glielo fai vedere, i gendarmi te lo ritirano e poi ti dicono la frase *parli bene francese?* Che vuol dire *dai i soldi!* Se dai un euro, loro dicono *sentor* che vuol dire *è poco*, non va bene. *Parla bene francese* insistono a dire, che ora significa *dai due euro*.

Sempre sempre ci taglieggiavano perché ci sono tanti immigrati africani in Costa d'Avorio. Molti vengono dal Niger, molti dal Mali, molti dall'Angola, molti dal Senegal, molti dal Camerum, perché la Costa d'Avorio è un paese ricco e le cose vanno bene.

In Costa d'Avorio parlano tante lingue, hanno 75 dialetti, ma l'idioma nazionale è lo *giulà*.

Mi è successa una cosa in Costa d'Avorio che io non potrò mai scordarmi.

Ecco, accade che una volta conosco un signore che diceva di aver la possibilità di far ottenere un visto per l'Europa. Io non avevo i soldi che lui chiedeva, ma avevo un amico che mi aveva detto: "se tu ti fidi di qualcuno che può farmi avere un visto per l'Europa, se me lo presenti, io mi fido di te che non mi ingannerà."

Siccome io mi fidavo di questo signore, gli ho detto: "io non ho i soldi, ma ho un amico che ha i soldi e vuole andare in Europa." E lui di rimando: "va bene, niente problemi!"

Il mio amico mi ha dato la cifra pattuita, 600 euro ed io ne ho dati a lui una parte, come anticipo. Questo faccendiere ci ha dato l'appuntamento per tre o quattro giorni dopo.

Dopo tre giorni il mio amico è venuto da me e mi ha detto: "allora, dove siamo?" Faccio io: "il signore mi aveva detto tre o quattro giorni, perciò dobbiamo sperare". L'indomani niente, dopo domani niente.

Abbiamo aspettato una settimana, poi io ho telefonato al signore e lui mi ha risposto: "oh, ma perché volete essere così veloci, non è mica una cosa tanto semplice!" Ed io ho ribattuto: "ma sei tu che hai parlato di tre o quattro giorni di attesa; noi abbiamo aspettato, ma non è successo niente, come mai?" E lui fa: "va bene, vengo domani da te!"

Quando è arrivato ha dichiarato: "Tutto a posto, ma per ritirare il visto dobbiamo andare alla casa di questo mio amico che, facendo parte del Governo, vuole mantenere discrezione e riservatezza."

Allora si parte e si va ad una ventina di chilometri, in un quartiere per me sconosciuto. Giunti davanti a un portone, lui scende e ci dice di aspettare fuori mentre sale in casa dell'amico.

Ha fatto due o tre passi verso il portone, poi è tornato indietro allargando le braccia e con queste parole in bocca: "Oh, mi ero dimenticato dei soldi a completamento della cifra che abbiamo stabilito." Poi ha aggiunto, strizzandoci l'occhio: "Il mio amico è un pignolo."

Io gli ho consegnato i trecento euro mancanti e lui si è avviato verso il portone. Ma di nuovo è tornato indietro e ci ha restituito 20 euro, dicendo che ci voleva bene e ci faceva uno sconto.

Fece ciò perché era un uomo di testa, lui sapeva che ci avrebbe abbandonato lì, e voleva che si potesse prendere un taxi per tornare a casa.

Abbiamo aspettato un'ora, poi due ore. Il mio amico ha detto: "È troppo *durabile*, dura troppo, come mai?" Io ho chiamato il faccendiere sul telefonino ed ho subito capito dai rumori che avvertivo che mi rispondeva da un'automobile in movimento.

"Dove sei?" dico. "Sono in casa del mio amico", mente lui. Di corsa, come non ho mai corso in vita mia, sono al portone, lo spalanco e vedo che non portava in una casa ma dava su una strada. Non potevo dir niente *"sì dentro impietrai"*; stavo zitto zitto come non sono mai stato zitto in vita mia.

Mi raggiunge il mio amico ed esclama pieno di meraviglia: "Ah, è una strada!" "Come dobbiamo fare?" chiedo io. "Ah, non lo so", fa il mio amico, "io ho dato i soldi a te e tu li hai dati a lui!"

Allora presi tutto ciò che avevo racimolato fino ad allora e detti a lui tutti i miei risparmi, perché era stata colpa mia di fidarsi di quel truffatore.

Così sono tornato in Senegal con le pive nel sacco e senza nemmeno un centesimino per far cantare un cieco. Il mio amico invece, con quei soldi ha trovato il verso di ottenere un visto ed è volato in Francia. Una sera mi ha telefonato annunciandomi:

"Sono arrivato in Europa" "Va bene per te" gli ho risposto, "quanto a me, si vede che ancora non è il mio turno."

In seguito ho sentito alla radio che quel signore che mi aveva fatto quella truffa, lo avevano arrestato per aver commesso gravi crimini. Ho pensato: "Anche se gli è successo per altri motivi, lui doveva comunque finir male, perché si è approfittato della mia fiducia."

Arrivato all'età di ventisei anni, decisi di tentare il tutto per tutto per andare in Europa.

Ogni tanto sentivo mio fratello al telefono che mi chiamava dall'Italia e mi diceva: "Se Dio vuole una volta devi venire dove sono io, però ricordati che qua la vita è dura." Io non capivo. "Lassù la vita è dura, ma nessuno torna mai indietro", pensavo.

Ormai il dado era tratto; cercai in ogni modo di avere un permesso per l'Italia, ma per ottenerlo è una cosa diabolica in Senegal. Si devono spendere tanti soldi da dare a qualcuno che segua la pratica, e poi una volta ti dicono di sì e una volta di no. Ed io non avevo mai fortuna.

Provai allora con l'ambasciata di Francia, del Belgio e perfino degli Stati Uniti. Niente da fare! Invece quel che mi ha fatto arrivare in Italia è stato il visto per la Turchia.

Proprio quando stavo per perdere ogni speranza, i turchi mi hanno concesso un visto turistico di 15 giorni. Ho preso il biglietto di un aereo che fa scalo in Francia per poi proseguire alla volta della Turchia, e sono partito.

Quando siamo arrivati all'aeroporto di Parigi, ho cercato di sgattaiolare fuori, ma mi hanno fermato, hanno preso i miei documenti e hanno detto di no! "Tu devi andare in Turchia, dunque vai in Turchia!" hanno sentenziato gli agenti.

Arrivato in Turchia, ci restai undici mesi, facendo il venditore di orologi: una vita dura per i miei gusti.

Vivevo in una casa con ragazzi senegalesi, etiopi e sudanesi.

Una sera un poliziotto turco venne a casa nostra con l'unico scopo di fregarci e non per svolgere un'indagine, in quanto il Governo non si preoccupa dei clandestini africani, perché sa che gli uomini neri sono tranquilli.

Lui è entrato e ha chiesto *passaport, passaport.* E noi a dire *passaport jok, passaport jok* che significa: niente passaporti! E lui: "Chiamo la centrale di polizia e vi rimandiamo da dove siete venuti." "*Lufén abé, luffén abé*" cioè: "per favore fai il bravo, per favore fai il bravo", gli abbiamo detto. Lui voleva i soldi e noi lo sapevamo. Allora abbiamo fatto una colletta di birmilioni, che è la moneta turca dove un birmilione equivale a un euro. Eravamo 11 ed abbiamo raccolto 11 birmilioni. Lui è rimasto contento ed è andato via.

In Turchia conobbi molti ragazzi che come me volevano andare in Europa. Lì ci sono delle persone che ti danno l'opportunità di attraversare il mare per raggiungere l'Europa. Però bisogna pagare. Altrimenti uno può provarci camminando, lungo sentieri impervi, fino alla Grecia: a volte 7 giorni a volte 10 giorni di viaggio.

Io ho fatto la prova due volte. Per due volte ho camminato notte e giorno, e per due volte mi hanno preso e messo in carcere. Un mese e quindici giorni la prima, due settimane la seconda.

Il primo viaggio lo feci dopo solo tre giorni che ero in Turchia. Camminai insieme ad altri venti uomini per tre giorni, finché non incappammo in un posto di blocco, dove i soldati turchi ci fecero prigionieri.

Quel giorno sfortunato faceva un gran freddo, era la prima volta che io *ero in questo tempo di freddo*. Ci avevano portato in un bosco, eravamo stanchi e ci sentivamo cascare giù, ma ogni volta che qualcuno si lasciava andare per terra, lo facevano alzare a suon di calci gridando: "No, qui non si può dormire; è un campo militare, non è casa tua!"

A un certo punto, mentre albeggiava, ho visto in lontananza una distesa bianca che mi sembrava il mare e ho detto a un mio compagno di sventura: "Siamo vicini al mare, mamma mia, dove siamo?" E lui: "Può darsi che ci sia una barca con cui ci riporteranno in Senegal."

Invece non era il mare, ma un campo di soffice neve! Fu una scoperta per me, perché non avevo mai visto la neve.

Ed ecco che improvvisamente, dal cielo è cominciato a nevicare, c'erano dei *nevichi* che scendevano giù silenziosamente. Era uno spettacolo bellissimo. Dimenticai perfino il freddo per l'emozione. Perché la neve era una cosa che desideravo tanto vedere.

Quando ero in Senegal mi ero incuriosito a guardare questo strano fenomeno meteorologico nei filmati televisivi e ad osservare come si vestiva pesante la gente europea, con maglie e cappotti. Pensavo: "Una volta spero di fare come loro."

Al secondo tentativo di varcare la frontiera, ero in compagnia di tre amici senegalesi.

Quando ci hanno intercettato le guardie di frontiera, io ho detto di venire dalla Mauritania e i miei compagni dalla Somalia. Con questo stratagemma volevamo evitare di essere rimpatriati, poiché chi proviene dai paesi in guerra, può dichiararsi 'profugo politico'.

"Io mi chiamo Mohamed Lamjoutass" ho affermato. E un altro: "Io Mbaliit Garap." L'altro di poi: "Mohamed Jallò." E l'ultimo: "Mohamed Cuma."

Dopo alcuni giorni di interrogatori, la verità è venuta a galla e abbiamo dovuto confessare di essere senegalesi.

I militari ci trattennero due giorni, poi ci presero in consegna i carabinieri turchi per quattro giorni, infine fummo trasferiti alla polizia penitenziaria.

In carcere ad Instambul era dura, perché non mi davano tanto da mangiare. I secondini venivano la mattina con un panino così piccolo che lo buttavo giù in un sol boccone. Tornavano la sera con un panino ugualmente piccolo che prima di accostarmelo alla bocca avevo già divorato con gli occhi. Come avrò fatto a resistere tutto quel tempo io non so; ero diventato la metà del mio peso, dovevo stringere i denti; solo il pensiero della mamma e le preghiere a Dio riuscirono a salvare il mio cuore.

Al terzo tentativo di andare in Europa, ho avuto fortuna, e ce l'ho fatta a coronare il mio sogno.

Siamo partiti in 55, stipati come sardine in un minibus da 16 persone. Per due giorni si stette seduti per terra, senza mangiare, senza defecare, senza parlare, senza urlare: *sennò casino*! Per fare la pìpì ognuno ci aveva un barattolo. C'era caldo, non c'era aerazione; non potevamo nemmeno starnutire o grattarci il corpo. Qualcuno sveniva, qualcuno stava con gli occhi spalancati come se fosse impazzito. Il rumore lancinante del motore che mai non si fermava, ti trafiggeva la testa come una lama appuntita.

Pensavo due cose: tanto si deve morire…e la mia famiglia. Perché io ho fatto questo viaggio per la famiglia, per la mia mamma, i miei fratelli e le sorelle, e loro avevano speranza in me.

Quando siamo arrivati al mare presso *Ipsala*, il minibus si è fermato e abbiamo cercato di scendere. Ma non si riusciva più a camminare per via che si era stati immobili per tutte quelle ore. Si barcollava come fanno gli ubriachi, si cercava di sgranchirci i muscoli, si cascava per terra come le trottole quando non girano più. Nessuno di noi parlava, parlava il conducente del minibus che imprecava e gridava *thiabok, thiabok* che vuol dire, 'veloci, veloci', altrimenti vi scoprono ed è finita per voi.

Ci siamo così incamminati e dopo poco, scollinando, abbiamo visto il mare, un mare bellissimo, senza increspature, piatto come una tavola.

Io ero in testa al gruppo, facevo da guida sia perché ero il più alto di tutti, sia perché conoscevo abbastanza bene la lingua del posto per seguire le indicazioni che ci impartiva il nostro accompagnatore turco. "*Tavarusc*, silenzio", ci diceva; "*tavan tus*, camminate piano" oppure "*vas*, di corsa."

Come siamo arrivati alla spiaggia il nostro accompagnatore ci ha indicato un battello che ci aspettava a due chilometri di distanza sul mare. Ci ha detto di incamminarci fino là perché l'acqua non è profonda ed il fondale è quasi pianeggiante, senza buche o tonfi pericolosi.

Cominciamo a camminare. Camminiamo, camminiamo, camminiamo (*rari nantes in gurgite vasto*), ma ci sembra di star fermi, di non arrivare mai perché sul mare le distanze si giudicano poco bene.

Dopo una mezzora qualcuno comincia a dire che non ce la fa più, qualcuno dice "lasciatemi qui, devo morire." Allora io grido: "No, andiamo avanti ragazzi! Perché ormai siamo qui, avevamo detto che volevamo andare e allora andiamo. Io non voglio lasciare nessuno, andiamo tutti quanti! Andiamo!"

Si cammina ancora. Io a volte trascinavo per qualche tratto quelli che non avevano più la forza per procedere.

Qualcuno cominciò a buttare via gli zaini, per alleggerirsi; c'era chi si disfaceva del mangiare e dell'acqua da bere, pur di continuare in questa marcia disperata. Qualcuno si levava le scarpe e i vestiti.

L'acqua mi arrivava ormai alle spalle, ero stremato, ma se c'era da aiutare qualcuno, lo facevo.

Giunti che fummo vicino al vascello, il suo comandante dette quest'ordine imperioso: "Comincino a salire quelli più bassi, i più alti devono seguire per un altro po' la barca e poi salire." E così abbiamo fatto.

C'eravamo tutti, meno una donna e due ragazzi che erano tornati indietro sulla spiaggia, in preda allo sgomento.

Dopo poco il mare si è gonfiato e in un batter d'occhio il battello è stato circondato da onde altissime che lo sballottavano su e giù. Tutti abbiamo cominciato a vomitare, io che fino ad allora ero riuscito sempre a dar coraggio agli altri, ora ero sconfitto dal mal di mare: non avevo più la forza di fare niente, pensavo di esser vicino a morire.

Il vascello procedeva lentamente, ma dopo trecento metri il motore si fermò. Ci siamo guardati e si pensava: "Oh, che dobbiamo fare; siamo sul mare!"

Il comandante era un turco basso di statura e tarchiato, sbraitava come un ossesso "*taman! taman!*" che vuol dire "calmatevi! calmatevi!" Io che sapevo un po' di turco gli ho chiesto: "*nercresignà*" che vuol dire "ma cosa è successo." Lui ha detto, "*sciulì*" che vuol dire: "speriamo di ripartire." Perciò ho intimato ai miei compagni di sventura: "Preghiamo che il motore riparta."

Allora giù tutti a pregare, ognuno aveva il suo Signore, chi chiedeva aiuto a Serigne Touba, chi ad Allah, chi a Gesù; chi a Budda; perché c'erano senegalesi, eritrei, etiopi, iraniani, indiani, della Costa d'Avorio e di altri paesi del mondo.

Tutti pregavano nella propria lingua con grande fervore ed ecco che il motore riparte. Poi dopo 5OO metri si riferma ancora e noi ricominciamo con le preghiere. Di nuovo il motore si riavvia, rulla per alcuni minuti, poi si blocca per la terza volta. Riprendono le orazioni e finalmente il vascello si rimette in moto senza fare altre soste.

Un indiano che era sempre stato silenzioso, mi volle ringraziare per la capacità di iniziativa che avevo mostrato in quel frangente e si avvicinò a me facendo un inchino e dicendo "*namastè*" che significa "*saluto il Dio che è in te.*"

Finché campo non potrò mai dimenticare il suo sorriso pieno di riconoscenza e il modo solenne con cui pronunciò quella parola che nella sua religione ha un grande significato. Ogni volta che sono un po' giù di corda e mi pare che le avversità della vita abbiano il sopravvento su di me, io ripenso a quel gesto deferente e riprendo fiducia in me stesso.

Il mare era sempre più mosso, tutti avevamo una paura cane, i nostri corpi erano bagnati e intirizziti, la stiva si riempiva d'acqua per cui la linea di galleggiamento del natante era quasi a filo con la superficie del mare. Eravamo consapevoli di rischiare la pelle.

In seguito ho saputo che il giorno dopo la nostra traversata, due battelli come il nostro erano andati giù a picco e i passeggeri risultarono tutti morti. Sette di loro io li conoscevo benissimo perché abitavamo nella stessa casa ad Instambul: erano senegalesi ed etiopi.

Dopo alcune ore siamo arrivati in Grecia sull'isola di *Aguattunisi*. Allora il comandante ci intima: "Voi non dovrete muovervi da questo posto per almeno due ore, cioè il tempo che mi occorre per prendere il largo e lasciare le acque greche. Se i militari vi vedono prima che sia scomparso all'orizzonte, vi prendono e vi imbarcano di nuovo sul mio vascello ed io devo riportarvi da dove siamo venuti."

Dopodiché il comandante ha avvicinato l'imbarcazione vicino alla riva e uno dopo l'altro, con un salto, siamo scesi a terra. Io sono stato l'ultimo perché essendo il più forte, potevo aiutare i miei compagni.

A quel punto abbiamo fatto un fagotto di tutto ciò che poteva costituire un indizio per individuare i nostri paesi d'origine e lo abbiamo regalato al comandante: soldi, vestiti, foto, cartoline, lettere, liquori (alcuni avevano bottiglie di Pernod). Io mi sono rivolto ai miei compagni con queste parole: "Ora noi rimarremo fermi qui fino a domattina e lasciamo il tempo alla barca di tornare in Turchia."

Abbiamo dormito sulla spiaggia sassosa e siccome avevamo tanto freddo, abbiamo acceso un fuoco ed abbiamo bruciato gli ultimi indizi che potevano tradire la nostra provenienza: vestiti, scarpe, cinture.

La mattina ci siamo destati verso le 10 ed abbiamo visto che c'era altra gente come noi su quella spiaggia. Ci siamo messi in cammino per raggiungere un'altra isola lì vicina, saltando da un masso all'altro lungo una scogliera.

Anche nell'altra isola c'era gente come noi che si aggirava senza una meta precisa. C'erano anche dei pastori locali che non solo non avevano timore di noialtri, ma non ci consideravano nemmeno da tanto che erano abituati a quegli sbarchi clandestini.

Siamo andati avanti tre o quattro ore, finché non siamo incappati in una pattuglia di militari che avanzavano con le armi in pugno. "Alt, alt, oh, oh!" ci hanno intimato. E noi ci siamo fermati. "*Coccikato, coccikato*! Mettetevi sdraiati a terra!" ci hanno ordinato. Io che capisco alla meglio un po' d'inglese, ho detto ai miei compagni: "Fermiamoci qui!" Allora i militari ci hanno detto di camminare insieme a loro; il comandante procedeva davanti con la pistola sfoderata e gli altri seguivano dietro impugnando dei manganelli. Alcuni di noi hanno cercato di fuggire, ma sono stati ripresi e alla fine ci siamo ritrovati tutti e cinquantadue insieme.

Ora ci fanno fermare e un graduato chiede in inglese chi conosce quella lingua. Il mio amico Abdou alza la mano e viene ingaggiato come interprete.

Prima domanda: "Di dove siete venuti, che cosa fate qui?" Risposta: "Noi siamo venuti dall'Africa, dalla Costa d'Avorio; da noi c'è la guerra civile e noi siamo fuggiti per salvarci da quella carneficina, perciò siamo rifugiati politici. Volevamo andare in America e quello che ci ha portato qui, ha detto: 'Ecco, ora siete in America!'"

I militari hanno cominciato a ridere a crepapelle: "Ah, ah, ah, ah! Qui in America? No qui non è in America! Ah, ah, ah! Qui non è in America, qui è in Europa!"

Noi facevamo come se non sapessimo nulla e si diceva: "No, no, no! Qui siamo in America!" E loro: "No! Qui Grecia! Grecia, Francia, Italia. Europa qui!"

Nel nostro cuore eravamo felici, perché ora sapevamo di essere arrivati in Europa; però non potevamo dimostrare di essere contenti e dicevamo: "No, no, no, no, siamo in America, vogliamo andare in America, portateci voi in America." E loro: "No, ormai siete qui, state tranquilli, qui siete in Grecia, ora siete profughi politici."

Ci hanno portati in una baia dove c'era una nave grandissima e ci hanno fatto salire. Lì c'erano tutte le comodità: il mangiare, i bagni, perfino la televisione. Ci trattavano bene, ci hanno dato pane a volontà, e una pasta con le chiocciole di mare e il pomodoro.

Siamo partiti allegri come se fossimo in crociera, direzione l'isola di *Patmos* dove abbiamo trovato tanti altri fratelli di sventura che erano arrivati prima di noi. Siamo restati sull'isola tre giorni e poi di nuovo partenza, verso Rodi.

Rodi è una grande isola, diciamo che è la seconda capitale della Grecia. Lì era stato attrezzato un grande campo di accoglienza per i profughi.

A Rodi siamo stati tre mesi, eravamo tre gruppi: il primo di 50 persone, che era arrivato prima di noi; l'altro di 49 e noi di 52.

Avevamo dei palloni per giocare, avevamo molte camere da letto, anche se la corrente elettrica non funzionava.

Allora ci siamo organizzati per migliorare le condizioni del campo. Io che sapevo fare il falegname, ho fatto la mia parte di falegname. Gli altri che erano elettricisti hanno fatto quella. In un giorno c'era l'illuminazione dappertutto, le porte chiudevano, le finestre si aprivano. I poliziotti ci facevano i complimenti e dicevano: "Bravi, guarda come sono bravi!"

Io ci avevo tanti estimatori, tutti mi consideravano il capo di questo campo, mi chiamavano *diewrin*, diewrin in Senegal vuol dire colui che è sempre pronto per gli altri. C'erano tanti amici come Abdou senegalese, sudanesi come Mohamed, Costa d'Avorio come Lefafanà, dell'Irak come Arcadasch.

Quando c'era un incidente, cioè due persone che volevano litigare, ero io che andavo a dividerli: "No, qui siamo in questo campo per tre mesi, se noi stiamo tranquilli, fra non molto andremo ad Atene e saremo a posto, altrimenti ci metteranno in galera, ma allora tanto valeva restare a casa e non emigrare. Qui siamo sotto l'egida dell'ONU, siamo considerati profughi politici, perciò ci dobbiamo comportare con dignità."

Dal campo era proibito uscire, ma fuori, a due chilometri c'era un supermercato e due nigeriani ci andavano di nascosto a rifornirsi di alcol. L'uso di questa sostanza inebriante determinava casini e tensione la notte, molti battibecchi e qualche rissa. Io mi ritrovavo continuamente a far da paciere, e non erano solo i miei muscoli a ingenerare timore fra i contendenti, ma soprattutto le mie parole dure, taglienti, che mi scaturivano direttamente dal cuore.

Nel campo c'era una cabina telefonica e una sera ho telefonato a casa. Mi ha risposto mio fratello: "Sono in Grecia, sto bene, passami la mamma!" gli ho detto in un fiato. E mi ha dato la mamma; lei piangeva, diceva: "Ringrazio Dio che sei vivo perché è tanto che non ti sento." Io gli ho risposto: "Ce l'ho fatta ad arrivare in Europa, è stata dura, ma l'ho fatto per te, per aiutare la famiglia. Prega ancora perché io raggiunga Atene e poi l'Italia."

Io ero in Grecia ma tutti i pensieri erano per l'Italia. Anche quelli che intendevano andare in Spagna, sognavano la Spagna, altri fantasticavano sulla Francia, altri ancora si figuravano di arrivare in Portogallo, qualcuno si vedeva già in Germania, qualcun altro sapeva che prima o poi sarebbe giunto in Svizzera. Tutti parlavano del loro sogno.

Il primo gruppo che avevamo trovato nel campo è uscito due mesi prima di noi.

Ci siamo salutati, ci siamo augurati di rivederci ad Atene o da qualche altra parte in Europa. Poi è partito anche l'altro gruppo.

Così per un mese nel campo siamo rimasti soltanto noi, i 52 del mio contingente; finché non è arrivato un altro scaglione.

I poliziotti ci hanno chiesto: "Li conoscete?" Noi abbiamo risposto di no. Invece li avevamo conosciuti in Turchia, eravamo amici e si aveva questo sogno comune di andare in Europa. Allora i poliziotti hanno detto: "Va bene, non li conoscete! Però, ora ognuno di voi deve ospitare uno di loro nella sua camera, perché loro sono tanti."

Siccome io avevo già adocchiato fra loro un mio carissimo amico di nome Mamadou, ho detto ai poliziotti: "*Iamaci*! lui datelo a me!" Ci siamo baciati e l'ho portato in camera mia dove gli ho dato tanti *mangiari*, cucinandogli un cous cous succulento.

Nella mia camera c'erano sette persone a dormire e io facevo il mangiare per loro. Erano i poliziotti che ogni giorno portavano le vivande, ma siccome noi africani non eravamo abituati a quel cibo, io lo trasformavo alla mia maniera, usando molte spezie e rendendolo più appetitoso.

Di solito ci portavano alimenti molto buoni: carne, pollo, pesce, perché eravamo sotto la tutela dell'Onu. Se qualche volta c'era una partita avariata, noi facevamo lo sciopero della fame ed allora ci portavano altre cose più fresche.

Nel campo eravamo quasi tutti musulmani, si pregava molto ed io spesso assolvevo alla funzione dell'*imman* e guidavo la liturgia religiosa.

Un giorno, un venerdì, è successo un fatto meraviglioso, una specie di miracolo. Era la ricorrenza del Grand Magal, che per noi senegalesi è la festa più sentita perché serve a ricordare una grande figura mistica, quella della guida spirituale Cheik Amhadou Bamba.

In Senegal quel giorno è un tripudio generale, tutti si vogliono bene, si rallegrano di poter ricordare degnamente questa grande personalità. Due milioni di persone vanno in pellegrinaggio alla città santa di Touba che fu fondata da Bamba.

Ebbene, anche noi del campo avevamo deciso di rendere omaggio al nostro amatissimo santo e abbiamo fatto una colletta per comprare il minimo indispensabile per rendere quella giornata speciale. Io ho dato 5 euro, gli altri, chi 2, chi 3 euro, raggiungendo alfine la cifra ragguardevole di 55 euro.

La polizia del campo sapeva della nostra iniziativa e permise a uno di noi di recarsi al supermercato a fare provviste di pollo, aranciate, succhi di frutta, pomodori, patate, formaggi.

Ero io che cucinavo e mi ero impegnato a realizzare tanto cibo per offrirlo anche a quelli che non erano della nostra religione.

A un certo punto, come una apparizione, è arrivato sul piazzale del campo un camion grandissimo, carico di latte, biscotti, tè, bibite.

Si trattava di un dono inviatoci dall'ONU, ma a noi parve che quel carico venisse dal cielo, fosse cioè il frutto delle nostre preghiere, perché in quel giorno speciale ne avevamo fatte molte.

Eravamo felici, al settimo cielo, tutto il campo era stato contagiato dalla nostra gioia. Perfino i poliziotti ridevano, ci salutavano stringendoci le mani e dicevano: "Deve essere un gran santo il vostro Bamba, poiché vi ha fatto ottenere tutte queste cibarie!"

In quel giorno non potevamo desiderare altro, avevamo tutto, tutto, tutto. In questi momenti non ti senti solo, senti che nell'universo c'è una presenza indicibile e invisibile che ti premia se sei stato bravo.

Telefonammo in Senegal per rendere partecipi i familiari e gli amici del fatto straordinario a cui avevamo assistito; io telefonai pieno di entusiasmo anche ai miei fratelli che vivevano in Italia.

Ormai i tre mesi di permanenza nel campo stavano per scadere e si avvicinava il momento di partire per Atene.

Eravamo contenti ma anche timorosi. Le notizie che giungevano da quelli che erano partiti per Atene prima di noi, non erano rassicuranti. Ci avevano telefonato per dirci che la vita era dura e che per dormire ci volevano 6 euro per notte. Il lavoro non c'era e bisognava arrangiarsi a vivere alla giornata.

Così noi avevamo molti tristi pensieri quando abbiamo preso il battello per Atene. Oramai eravamo immigrati con un permesso legale di profughi politici, per cui niente trasporto gratuito, e abbiamo dovuto pagarci il biglietto della nave che era di 21 euro.

Giunti nel continente io sapevo dove andare a dormire, perché c'era mia cugina Dior disposta ad ospitarmi. Ci siamo incontrati la sera stessa.

Però io avevo un problema perché non mi volevo separare dal mio amico fraterno Ndiakou, con cui avevo diviso la mia sorte fin dai giorni della Turchia. Io non lo potevo lasciare fuori, perché lui non sapeva dove dormire.

Allora ho detto alla mia cugina: "Se lui non viene, io non vengo, non lo voglio lasciare in mezzo alla strada, voglio che lui sia sempre vicino a me."

Ma lei mi ha risposto di no, perché suo marito aveva accondisceso per uno, sennò niente. Ed io ho risposto: "Niente! Io non ci vengo a casa tua."

Ma lei è diventata triste, non voleva lasciarmi lì, sarebbe passata male con la sua famiglia nel Senegal che sapeva che io avevo richiesto il suo aiuto.

"Eh, come si fa?" ci siamo detti. Alla fine siamo andati a casa di mia cugina ad aspettare che torni il marito, per vedere di trovare una soluzione.

Il marito era al lavoro ed è rientrato alle 11 di sera.

"Ah, siete arrivati!" ci ha detto, "siete due?" "Sì" ho risposto "perché lui è il mio amico, per tutto il viaggio siamo stati sempre amici, dunque non lo posso lasciare dietro la porta."

Lui ha dichiarato: "Va bene, questa è la vostra casa, per un mese non dovete dare niente, dopo un mese dovete pagare per mangiare e per l'affitto." Meglio di così!

Ora bisognava trovare un'attività per guadagnare qualcosa. Per fortuna c'era il nostro amico Sow a cui abbiamo anticipato 100 euro in cambio di maschere africane da vendere per le strade. Erano soprattutto sculture in mogano di animali: elefanti, cammelli, giraffe, cavalli, rinoceronti.

Così abbiamo preso due grossi zaini ed abbiamo cominciato ad aggirarci per Atene.

Sow mi aveva insegnato le parole greche che ci servivano di primo acchito per parlare coi clienti. Io me le ero segnate su un foglietto e le spiegavo a Ngiau il quale, non avendo fatto le scuole, aveva più difficoltà di me con la lingua.

Ecco l'ABC del venditore senegalese in Grecia. In primis i numeri: *uno* (uno); *dio* (due); *tria* (tre); *tessera* (quattro); *pende* (cinque); *deca* (dieci); *icosì* (venti); *trianda* (trenta); *saranda* (quaranta); *penindà* (cinquanta). Ed ecco le frasi utili: *aftu oreo* (questa è bella); *pupamé* (di dove sei?), *nasifò* (oh bello, amico mio, guagliò).

Appena pronti siamo andati col metrò fino al Pireo e abbiamo cominciato a vendere.

Il Pireo è simile al centro di Pisa e non dista molto dal mare. Come inizio non è andata male per me, perché ho venduto 5 pezzi. Quindi siamo rincasati.

Il secondo giorno, stesso tragitto, stessa vendita, ma al ritorno abbiamo perso la strada. Si camminava sempre senza avere il coraggio di chiedere informazioni alla gente. Sapevamo solo che bisognava andare in via Chizzelli. Dai dai, a forza di camminare in largo e lungo, domandando un po' in inglese, un po' in francese ai passanti, ma soprattutto pregando il buon Dio di aiutarci, siamo arrivati a destinazione.

Quando ho raccontato le nostre disavventure a mia cugina, lei ha sgranato gli occhi e ha detto sorpresa: "Ma dai!"

Dopo tre mesi si cominciava a parlare un pochino il greco e si riusciva alla meglio a sbarcare il lunario.

Siamo stati in tutto 6 mesi in Grecia. In quel periodo c'erano le Olimpiadi, per cui i controlli di polizia erano intensificati e intorno ai campi di gara non si poteva vendere, ma noi non abbiamo mai avuto problemi con la polizia. Qualche volta si andava a lavorare anche a Rodi, nell'isola dove c'era il campo profughi.

In Grecia ci sono molti stranieri: senegalesi, sudanesi, polacchi, albanesi. Gli albanesi sono i più integrati e svolgono gli stessi lavori manuali dei greci.

I greci, come gente sono un po' crudi e chiusi. Loro, se non hanno bisogno di te non ti dicono niente. Le ragazze, i ragazzi, la gente, non ti fanno nessun problema, però non si interessano a te. Se hai qualcosa da vendere e a loro garba, va bene, se no, non ti dicono niente, quasi non ti vedono. *È un ospite un pochino chiuso, la gente di Grecia!* Se fai il paragone con l'Italia, qui è meglio!

Erano così passati 6 mesi. Era febbraio, faceva freddo, ma io avevo già conosciuto *i freddi* in Turchia, e sapevo come difendermi.

Ad un tratto a me e al mio amico venne una voglia incontenibile di andare in Italia. Io avevo due fratelli a Pontedera e lui un fratello a Bologna. Allora ci siamo decisi a tentare il tutto per tutto ed abbiamo comprato due carte di identità francesi da dei contraffattori greci, così che siamo diventati dei turisti francesi. Io presi il nome di Njagar e l'amico Njangau.

Siamo andati al porto di Atene e ci siamo presentati alla signora dell'imbarco, che si è rivolta a noi in inglese per chiederci i documenti. Glieli abbiamo mostrati e lei ci ha detto in francese: "francesi?" "*Oui on est francais, on est venu de Paris, on est pas-*

sé par Athène, puis l'Italie, avant de tourner chez notre famille.»
OK, è andata bene. Gli abbiamo dato le carte e i biglietti e siamo saliti sul battello.

Per tutto il tempo dell'imbarco non abbiamo mai smesso di pregare, ed anche durante il viaggio pregavamo ininterrottamente perché a sbarcare in Italia non ci fossero problemi.

Abbiamo passato la notte e la mattina abbiamo finalmente visto l'Italia. Questa Italia che io mi sognavo in Senegal, in Costa d'Avorio, in Turchia, in Grecia, ora era davanti a me e mi aspettava.

Siamo giunti ad Ancona. Pioveva a dirotto, come Dio la mandava. "Buon segno, questo è fortuna" ha detto il mio amico, "se tu arrivi in un nuovo paese e lì piove, significa la fortuna."

Siamo sbarcati e nessuno ci ha controllati. Siamo andati alla stazione e abbiamo preso il treno per Bologna dove il mio amico si sarebbe fermato.

Arrivati a Bologna c'era il diluvio universale. Ho proseguito per Firenze e a Firenze non pioveva più.

Da Firenze sono giunto a Pontedera, ma i miei fratelli non erano ad aspettarmi Ho telefonato e mi hanno detto: "Abbiamo da fare, arriveremo in ritardo, aspettaci al negozio dei telefoni di Fallou che è nei pressi della stazione."

Mentre aspettavo i miei fratelli facevo le mie prime riflessioni sull'Italia. Ero piuttosto scoraggiato perché mi immaginavo che fosse diversa, più ricca, più fastosa, con grandi automobili per le strade, con gente ricca ed elegante, senza ombra di miseria. Pensavo che fosse come l'America, un paese delle meraviglie, invece era un paese soltanto un pochino diverso dal Senegal. Pensavo: "Qui *le genti* sono bianche, ma l'ambiente è uguale a quello di casa mia."

Quando sono arrivati i miei fratelli, la commozione mi ha vinto. Io piangevo e loro piangevano. Erano 5 anni che non ci vedevamo; li ho trovati cambiati nella persona e nel fisico e anch'io ero diverso da come mi ricordavano.

Dunque eccomi in questa bella Italia, cosa dovrò fare non lo so. Qui non è come in Grecia dove avevo una copertura legale essendo stato riconosciuto profugo politico. Ora ero un clandestino. Non avevo nessun diritto, ma tanti doveri in più, perché non mi potevo permettere di sgarrare in niente, altrimenti avrei passato brutti guai.

Soggiornando in un paese senza il famoso permesso di soggiorno, la vita è grama. Eppure dovevo far qualcosa per guadagnare e aiutare la mia mamma. Cominciavo a capire che gli italiani sono bravi, ricchi di una cultura e con un'umanità immensa, per cui se tanto tanto riesci a metterti in sintonia con tutto ciò, puoi fare un bel pezzo di strada in avanti.

Ma come fare? Certo non avrei venduto gli orologi, come in Turchia. Troppo pericoloso. E nemmeno volevo avvicinarmi al mondo semi illegale dei cd, degli occhiali, delle borse. Potevo semmai vendere maschere di legno africane, ma per far ciò occorreva mercanteggiare nei centri storici delle città dove gravitano i turisti, mettendosi a repentaglio dei continui controlli delle forze dell'ordine. Un'altra possibilità era quella di lavorare da sottoposto, utilizzando il permesso di soggiorno di qualche senegalese che mi assomigliasse molto. Ma al di là del mestiere di falegname, che in Senegal avevo praticato utilizzando antichi sistemi artigianali, non mi sentivo in grado di inserirmi in un ciclo produttivo industriale. Inoltre a me piace parlare con la gente, stare in mezzo alle persone, scherzare con tutti, imparare e insegnare le cose. Ecco, io ho una vera passione per il genere umano: sono curioso, avverto che l'incontro con l'altro mi arricchisce e mi dà gioia.

Un giorno ero in treno e feci amicizia con un mio connazionale, un'amicizia destinata a divenire duratura e importantissima.

Lui mi consigliò di vendere libri, perché in quel modo non si fa danno a nessuno e si aiutano le persone con un prodotto che arricchisce di cultura di chi lo compra. Mi spiegò che a Milano e a Genova esistono delle cooperative dove si possono acquistare dei libri *africani* e poi pagarli dopo averli venduti. Tutto in regola, tutto alla luce del sole. "Se vuoi" disse l'amico, "posso comprarteli io e passarteli."

Il mio amico mi ha anche spiegato che, anche se non padroneggiavo la lingua italiana, potevo sempre rivolgermi a un pubblico colto utilizzando il francese. I clienti avrebbero capito anche se avessi detto loro in francese: *"regarde ce livre, si t'interesse tu peux le prendre."*

È stata la mia fortuna perché in seguito, la casa editrice con cui lavoravo mi ha fatto un contratto di collaborazione con cui ho potuto regolarizzarmi, grazie ad una legge promulgata appositamente dal governo italiano, per sanare la piaga degli immigrati clandestini come me.

All'inizio di questa mia attività ho avuto un'idea eccellente su come mi sarei dovuto rivolgere ai miei clienti. Li avrei chiamati fratelli. Sicuro, io mi sento nel cuore profondamente fratello di tutti quelli che avvicino. Inoltre, da noi in Senegal, questo è un segno di rispetto. In particolare con le persone anziane, nel mio paese non ci si può rivolgere loro, mancando di cortesia. Per esempio, noi in Senegal non osiamo mai chiamare una persona di una certa età col suo nome di battesimo, lo chiamiamo Signore oppure Fratello. È un segno di riguardo.

Grazie all'idea di rivolgermi a tutti come un fratello, ho avuto immediatamente successo e sono riuscito a ingranare nel mio lavoro.

Ma una volta che mi rivolsi a una persona chiamandolo *fratello,* lui mi rispose sprezzante: *sorella*! "Ma perché mi chiami sorella" dico io. E lui: "Non sono tuo fratello." "Certo", gli spiego io, "non sei un fratello di sangue, ma sei un fratello di genere umano." Allora lui: "È vero."

In Senegal siamo tutti fratelli e sorelle, anche se non è per sangue. Io uso dunque la mia cultura, la mia etica, la mia spontaneità nel mercanteggiare coi clienti chiamandoli fratelli.

Prima di vendere un libro io chiedo: "Chi sei?" Lui mi risponde, per esempio: "Io sono Paolo." Io continuo: "Dove abiti?" A volte mi risponde Pisa oppure "No, sono venuto qui per studiare, ma sono di Padova, di Napoli o di Genova. Sono qui per fare l'università." Dico: "Sei al primo anno?" Risposta: "No sono al secondo, no ora lavoro, no ora faccio la tesi." Dico: "In bocca al lupo." Risponde: "Grazie, sei simpatico!" Ora una porta è aperta, perché lui con cui io parlo sa che io sono simpatico. Ora finalmente posso dilungarmi nel mio discorso ed attacco: "Per cortesia e curiosità, ti voglio mostrare i miei libri, sono molto belli. Noi senegalesi anche se siamo poveri abbiamo la nostra dignità e non vogliamo chiedere a nessuno soldi senza niente; per questo vendiamo questi libri. Se compri un mio libro tu fai un bel gesto, un'azione umanitaria. Così io posso aiutare la mia famiglia lontana ed insieme facciamo un'azione umanitaria, cioè la solidarietà."

Io riesco ad aiutare anche 10 famiglie coi pochi soldi che guadagno. Ci sono delle amiche di mamma che vanno sempre dalla mia mamma a chiedere una mano: "Questo mese avrei bisogno di un aiutino; puoi dirlo a tuo figlio che è in Europa?" E la mamma mi dice: "Questo mese manda qualcosa per lei."

Lungo la strada dove io vendo i libri ci sono tante persone che mi vogliono bene.

A volte dei negozianti vengono da me a chiedermi se gli cambio i soldi. Oppure facciamo due chiacchiere. Spesso mi confidano i loro crucci, mi dicono che sono stati delusi da qualcosa o che sono scontenti per via di così e per via di cosà. Io do loro dei consigli e sento che loro si fidano di me. Tutte queste conoscenze mi sono sovente utili per vincere la diffidenza di qualcuno che non mi conosce, e teme che con la scusa del libro lo voglia raggirare. "Vedi?" lo apostrofo, "qui mi conoscono tutti e tutti sanno che sono bravo."

Una persona che sempre mi manca tanto è David. Lui abita a Marina di Pisa. Ci siamo conosciuti attraverso un discorso che era brutto in principio, ma che poi è finito bene. Io gli volevo dare un libro e lui ha detto: "Questi libri non mi interessano." Io gli ho ribattuto: "Ma se i miei libri non ti interessano, almeno la solidarietà ti interessa?" Ha detto di nuovo no. Poi è andato avanti due o tre passi ed è tornato indietro e si è rivolto a me con queste parole: "Hai ragione, io mi sono sbagliato, non è vero che non mi interessano i tuoi libri. Ma siccome io studio e sto studiando molto, io non posso leggere i tuoi libri. Comunque, se ti fa piacere, ti posso regalare un computer." "Sì, mi interessa" è la mia risposta; ma aggiungo: "ora però parliamo di libri" e gli ho spiegato tutto dei miei libri. E lui: "Bene, ora mi interessano, ma non ho soldi dietro, te li compro un altro giorno. Invece che ne pensi del computer che ti vorrei dare?" Ed io: "Va bene."

Pensavo che lui avesse fatto finta e che quella promessa fosse una scusa per andarsene via, invece tre giorni dopo è tornato da me col computer. Ma io non potevo prenderlo perché abito in un paesino a molti chilometri di distanza e non possiedo un'automobile per spostarmi. Lui mi ha proposto: "Te lo porto io fino a casa e te lo installo."

Parlando con me stesso mi chiedevo: "Ma quello che lui dice è vero?" Perché veramente era una cosa strana per me, mai avevo visto un italiano così bravo.

Ci siamo messi d'accordo per un giovedì e lui mi ha portato il suo dono a casa. Siamo diventati amici. Io l'ho invitato a cena con la sua fidanzata e siamo stati benissimo.

Nell'occasione aveva cucinato mia sorella che ha conversato

molto con la fidanzata di David. Alla fine le ha regalato un vestito verde molto bello che in Senegal viene indossato dalle ragazze che sono felici. Lei ha esclamato piena di meraviglia: "Oh, il verde è il mio colore preferito!"

A me piace il mio lavoro perché amo parlare con la gente, l'essere umano è una cosa che a me piace tanto. L'incontro con l'altro ha un valore soprannaturale perché è l'incontro con una creatura di Dio, dunque avvicinandosi all'altro con amore, è come avvertire in lui la presenza dell'Onnipotente. Per questo ogni uomo è sacro e non deve essere mai oggetto della violenza.

Io con i miei avventori prediligo stabilire un rapporto diretto, senza giochi di parole o infingimenti. Una volta un giovane è venuto da me, ma lui non voleva i libri perché quando glieli ho proposti, lui ha detto: "No, a me piace solo il fumo, se ci hai qualcosa da fumare, se me lo dai, io te lo prendo."

Gli ho risposto: "Ma quanti anni hai?" Lui mi fa: "Sedici". Ed io: "Ma hai fratelli?" Lui: "Sono figlio unico." Io: "Ma i genitori sono sempre vivi?" Lui: "Sì." Io: "Ti danno i soldi?" Lui: "Sì." Io: "E tu a me quanti anni dai?" Lui: "Venti, ventidue." Io: " No, di più, trenta e qualcosa, ma io *non sono mai fumato* e mai fumerei perché innanzitutto fa male; spendi soldi; non è una cosa che ti fa comportare bene; nel mio paese chi fuma non è degno di rispetto. Tu sei ancora giovane, e mi hai detto che fumi fin da undici anni. Se tu continui su questa strada, finirai male. Allora ti chiedo una cosa, come fratello, come amico: smetti di fumare! I tuoi genitori ti vogliono bene e non sanno che tu fumi marijuana o hascisc o quel che sia, non lo so. Se mi fai questo piacere, ti regalo questo libro. Giuramelo!" Lui: "No!" "Comunque fallo per me!" gli ho detto.

Lui è andato via, ma dopo due giorni è tornato con altri amici, mi è venuto vicino e ha pronunciato queste parole: "Ho parlato con i miei genitori e gli ho detto quello che volevi tu. Essi mi hanno detto che dovevo tornare da te e che dovevo comprare i tuoi libri per loro. E questi amici che ti ho portato hanno saputo ciò che mi hai detto, ed hanno deciso anche loro di lasciare il fumo."

È chiaro che io non avevo fatto un discorso dialettico, portando argomentazioni culturali o psicologiche particolarmente convincenti contro gli stupefacenti. Il fatto però è che io ero così convinto e sicuro di quanto gli dicevo, che il mio messaggio gli è arrivato direttamente al cuore. È chiaro che io, per la mia condizione di immigrato, senza un lavoro, senza una identità, nel momento che mi rivolgevo a lui con l'aria del maestro, in maniera del tutto disinteressata, qualunque fosse il mio ragionamento, per ingenuo e semplice che fosse, appariva puro e quindi vero. Perché tutto ciò che è puro è vero!

Probabilmente più che le mie considerazioni, avevano colpito questo ragazzo il mio coraggio di dire pane al pane e vino al vino, forse più che le parole, risultò vincente il mio sguardo sincero.

Io non vendo libri solo per guadagnare qualcosa, ma li vendo per conoscere la gente, per insegnare quel che so, per donare le cose che ho nell'anima mia. Alle volte mi dicono: "Fai solo perdere tempo!" Ed io li rintuzzo: "Comunque ascoltami, io sono interessato all'essere umano, non si perde mai tempo con l'essere umano." "Hai ragione" mi rispondono, "avanti, parla pure!" Gli espongo il contenuto dei miei volumi e loro mi fanno: "Ah, non sapevo che tu vendi questi libri così importanti." Allora scelgono uno o due libri e diventano miei clienti perché io vendo libri belli e se uno li legge, poi torna a comprarli.

Magari, lì per lì uno mi dà qualcosa in cambio del mio libro, pensando di farmi un favore, poi quando torna a casa sua, se si mette a sfogliarlo, si rende conto di che libro poetico gli ho dato e capisce che il favore l'ho fatto io a lui, e comprende la verità del proverbio "date e vi sarà dato."

Magari non è lui a leggere il libro; magari è sua moglie o suo figlio che lo leggono e che gli chiedono: " Ma dove l'hai acquistato un libro così bello?"

È questa magia che mi interessa, perché spesso chi avvicino io è gente che non frequenta abitualmente le librerie. Può succedere che per qualcuno sia l'unico libro di lettura che ha in casa.

Dunque è un seme che io getto. Magari chi lo acquista non lo leggerà mai, ma può darsi che un suo familiare lo prenda in mano e ne resti affascinato, per questo i libri che io amo vendere non sono né politici, né religiosi, né filosofici, ma poetici. È la poesia e la bellezza, che parlano un linguaggio universale.

Fra le persone che ho conosciuto, c'è la signora Laura che mi è rimasta molto nel cuore. Io, quando vendo, non fermo mai le persone anziane, ma quella volta fu lei che mi avvicinò e come se mi conoscesse da sempre, mi chiese un favore.

Siccome erano le 12,55 e la farmacia lì vicina chiude alle 13, lei mi pregò che io facessi una corsa per impedire che abbassassero la saracinesca prima che lei potesse acquistare dei medicinali. Io le risposi: "volentieri!" e mi avviai veloce a fare quanto desiderava.

Quando tornai indietro era cominciato a piovere, per cui mi sono fatto prestare un ombrello da un senegalese che li vendeva per strada e ho accompagnato la signora fino alla farmacia. Quando è uscita, mi voleva dare dei soldi per ricompensarmi che mi ero presa cura di lei, ma io ho risposto: "No, non l'ho fatto perché tu mi dia dei soldi, io l'ho fatto perché tu sei una nonna per me."

Era contenta, e siccome ogni tanto le sfuggiva una parola in francese, le ho chiesto: *"Parlais vous francais?"* *"Oui"* mi ha risposto ed poi ha aggiunto: "Io sono stata in Francia tanti anni, so come sono i senegalesi, voi siete bravi e simpatici. Hai visto quanti italiani ci sono su questa strada, ma io sono venuta da te, perché so che gli uomini neri sono gentili." Poi ha proseguito: "Tu che lavoro fai?" Dico io: "Vendo libri." Lei ha voluto vederli e io le ho mostrato i miei libri. Lei ne ha presi due e li ha pagati. Poi il mese dopo è tornata e ne ha presi altri due. È diventata una cliente e una amica che mi vuole bene. A volte mi chiede: "Come sta la famiglia? Ti senti bene?"

Lei vuole sempre parlare in francese, perché era molto tempo che non si esercitava in quella lingua d'oltralpe. Un giorno mi ha chiesto: "Hai figli?" Ho risposto di sì perché da noi senegalesi anche se hai un fratello con dei figli è come se li avessi anche tu, loro sono i tuoi figli. "Sì, ho figli, perché mio fratello più giovane ha due gemelli. Sì, ho due gemelli!" le ho spiegato. E lei mi ha promesso di portarmi delle favolette scritte da lei in francese che io potrei tradurre in senegalese per farle conoscere ai miei nipoti.

In Italia naturalmente ci sono anche persone egoiste, però veramente ci sono tanti che sono simpatici.

Gli italiani sorridono e chi sorride ti dà la confidenza di avvicinarlo. Io ci ho un sistema per farli ridere. Se per esempio dico a uno: "Ferma, ferma!" e lui non vuol fermarsi, io aggiungo: "Fai il furbo perché sei bello?" E lui: "Grazie!" Oppure io dico: "Fai il furbo perché la tua ragazza è bella?"

Quando vedo due persone anziane, importanti, che incutono rispètto, io dico: "Buongiorno, ma che bella coppia, così vecchia ma così bella!" La signora risponde con un grazie o il signore con un grazie. Allora riprendo: "Su, fai il bravo, prendi qualcosa che hai la bimba bella oppure il bimbo bello." Allora loro: "Grazie di bimbo" oppure "Grazie di bimba."

Cerco sempre di far ridere chi avvicino, perché con una persona che tu non conosci, se ci vuoi parlare senza dar sospetto, bisogna farla ridere, dire qualcosa per cui pensi: "Quello che viene da me è una persona simpatica." E così cadono le paure che magari io voglia rubare o raggirare. Tutto ciò dà la confidenza totale e quella persona pensa: "Chi viene da me è una persona della pace."

A volte però, nonostante la mia buona volontà, può succedere che qualcuno si comporti male.

Siccome io sono uno aperto, solare, che sorride, che dice parole buone, una volta ho visto due fidanzati e ho detto: "Ma che bella copia!" e la donna: "*Vaffanculo*, vai al tuo paese!" Allora, per la prima volta da quando sono in Italia ho sfruttato la mia possanza fisica, mi sono messo per traverso e senza nemmeno sfiorarli, li ho comunque bloccati, e parlandogli a tu per tu, mentre li guardavo, ora l'uno ora l'altro, fissi negli occhi, scandendo ogni parola, ho chiarito il mio pensiero così: "Va bene, voi non ci credete, ma siete una bella coppia, io vi vedo come una bella coppia fisicamente, ma dentro non avete niente della bella coppia, perché so che siete ignoranti. La cosa grave è che la donna ha parlato male usando parolacce e l'uomo è stato zitto, acconsentendo. Voi siete tutti e due ignoranti, ergo siete una bella coppia di ignoranti."

Questi sono più episodi di ignoranza che di razzismo o xenofobia. Il razzismo è quello che mi successe una volta, tanti anni fa, in un autobus pieno di viaggiatori in piedi, dove l'unico posto a sedere che rimase vuoto per tutto il viaggio era quello accanto a me.

Non lontano dalla zona dove vendo libri, c'è un bar dove io vado abitualmente a prendere il caffè. La prima volta che ci andai, fui colpito dal sorriso di Stefania e dalla gentilezza di suo marito Stefano, che sono i proprietari del locale.

Dopo poco siamo diventati amici, mi sono sentito un fratello di questa dolce coppia. A volte incontro lì dei vigili urbani, o carabinieri, o poliziotti in borghese che prendono qualcosa da bere e sempre Stefania e Stefano parlano bene di me, mi lodano, mi portano ad esempio per la mia educazione.

Siccome la mattina mi porto sempre dietro uno zainetto con i libri e degli oggetti personali, per evitare che qualcuno me lo rubi, anziché appoggiarlo lungo il marciapiede, ho cominciato a lasciarlo in un cantuccio del bar dei miei amici.

Ma poiché l'esercizio è piccolino, e nei momenti di punta i clienti lo riempiono come un uovo impedendomi un facile accesso, Silvia mi invitò ad usare uno stanzino situato dietro il bancone.

Ora successe una volta che, per accontentare uno studente che voleva scegliere un libro, io entrassi con lui in questo pertugio. Ma Silvia subito mi redarguì a voce alta, dicendomi che non dovevo farci entrare altre persone lì dentro, dove lei teneva i suoi soldi e gli oggetti personali, perché lei si fidava solo di me in quanto avevo dimostrato più volte la mia onestà cristallina. Il bar era pieno di avventori ed io godevo moltissimo a sentire quello strano rimprovero che suonava come una lode a me, mostrando la fiducia incondizionata della proprietaria nei miei confronti.

Una volta volevo dare un libro a uno che mi ha chiesto: "Ma di che religione sei?" Io dico. "Ma perché me lo chiedi?" Lui: "Voi musulmani siete tutti terroristi! Non rispondi?" Faccio io: "Quello che dici è un'offesa per me, eppure io non ti aggredisco, dunque eccoti immediatamente un esempio che non è vero, come hai blaterato, che tutti i musulmani sono terroristi. Sono io, con la mia mitezza e il mio perdono che ti smentisco." Lui si zittisce, allora lo interrogo: "Ti dispiace se ti do altre spiegazioni?" Lui: "Io ho tempo, possiamo parlare fino a domani."

A questo punto mi sento libero di esporgli compiutamente le mie idee:

"Dicono che i terroristi sono musulmani, ma in effetti essi sono di tutte le religioni, perché il terrorismo non è una religione. I terroristi sono uomini cattivi che non sanno usare questa vita. Dio non ha mai detto che bisogna far morire una persona per motivi materiali. Noi senegalesi dall'inizio di questo mondo, fino alla fine di questo mondo, non siamo mai stati e mai saremo terroristi. Non sentirai mai dire che un senegalese è un terrorista perché noi abbiamo dentro il cuore una forza incrollabile, quella che ci fa esser sempre felici, quella che fa sì per cui non vedrai mai, in nessun paese del mondo, un senegalese arrabbiato.

Noi abbiamo la cultura impartitaci dai nostri genitori, che rimanda costantemente al rispetto assoluto per l'essere umano. Inoltre il nostro fatalismo ci mette in una condizione di costante serenità d'animo: se tu hai dei problemi, è Dio che ha voluto così, è il tuo destino, non è colpa di nessuno. La nostra forza deriva da questo sottomettersi alle leggi del cielo.

Se io incontro un altro senegalese, io sempre lo saluto; e se mi chiede come sto, io dico 'bene!' anche se sono arrabbiato dentro di me. Perché se rispondi *bene* vuol dire che vivi bene, se invece rispondi *male* significa che continuerai male. Se dici sempre *bene bene*, una volta il bene potrebbe venire da te, per questo noi diciamo sempre *bene*. Anche se hai il male dentro, rispondi sempre *bene*!

La nostra cultura è fortemente influenzata dalla sapienza del nostro amatissimo capo spirituale Cheik Amhadou Bamba il quale era un fautore della non violenza. 'L'unica guerra santa che io riconosco, è quella contro il proprio egoismo' amava ripetere.

I francesi, al tempo in cui colonizzavano il Senegal, non sapevano che Bamba era un santo, loro pensavano che lui fosse un agitatore sociale, un capopopolo da eliminare al più presto. Siccome erano consapevoli che non potevano ucciderlo in Senegal dove era venerato da tutti, pena una sommossa popolare, lo mandarono al confine per 7 anni nel Gabon, convinti che lì darebbe morto di stenti, inedia o per l'aggressione di qualche animale feroce. Invece no! Perché lui non era un politico, ma era un grande religioso e la sua vita era la verità.

Quando tornò in patria dall'esilio, accolto in tripudio dall'intera nazione, ebbe parole di perdono per i suoi persecutori ed iniziò a predicare la non violenza.

I francesi rimasero sbalorditi da tanta forza d'animo ed avrebbero voluto insignirlo con la massima onorificenza, la *Legion d'onore*, ma Bamba ovviamente rifiutò.

Bamba oltre che guida spirituale, cercò di educare il suo popolo, indicando sempre la strada della moderazione, della modestia, della tolleranza: mai tenere il rancore, mai l'odio, mai invidiare, mai insidiare la moglie di qualcuno.

Ecco alcuni dei suoi insegnamenti filosofici:

'Se qualcuno fa il prepotente con te, sopporta la sua arroganza; se fa uno sbaglio fai finta di nulla. Alle sue offese non rispondere.'

'Sappi che la conoscenza è difficile, si raggiunge astenendoci dal troppo parlare.'

'Il sapere fa uscire la cecità dal tuo cuore, come la luna dissipa il buio delle tenebre.'

'Evita la voracità nel mangiare, perché ciò è all'origine di ogni male.'

'Non usare mai con le persone questo tipo di espressioni: 'tu menti, tu ti sbagli'. O anche altri modi di dire simili, perché ciò può infastidire colui con cui parli, anche se è un bambino.

'Amico caro, non essere svogliato, non abbandonare i corsi della scuola, non lasciare andare il tuo animo verso le cose capricciose. Non smettere mai di ripensare a ciò che hai appreso, perché colui che non ripensa continuamente a ciò che ha imparato, va inevitabilmente a dimenticare tutto.

Il valore di una persona dipende dalle sue buone azioni.

Ammorbidisci sempre le tue parole quando parli con qualcuno, poiché una maniera dolce caratterizza una persona intelligente.

È grazie alla saggezza di Bamba se i senegalesi sono rispettosi delle idee degli altri e lontanissimi dal fanatismo dottrinario; tanto che elessero come primo presidente della Repubblica il cristiano Leopold Senghor, loro che al 95% sono musulmani."

Potrei continuare il mio monologo per delle ore, perché il mio interlocutore è molto interessato a ciò che dico, ma io devo anche guadagnarmi la pagnotta e mi accomiato da lui invitandolo a ritornare nei prossimi giorni, per proseguire la conversazione.

Per me ogni donna è un tesoro della vita, se io vedo una coppia veramente bella mi complimento con loro. Loro mi dicono "Grazie!" Allora chiedo alla ragazza: "È bravo questo bimbo?" Lei: "Sì, molto bravo!" Allora chiedo al bimbo: "Com'è lei?" Lui: "Bene, bene!" Allora io a lui: "Ascoltami bene, *se tu ami bene questa bimba, trattala bene!*" "Perché?" chiede lui. Ed io: "Perché per noi senegalesi le donne sono delle regine, bisogna trattarle bene, *di parlare di cose carine.* La vita è la donna, la donna è il tesoro di Dio che fa nascere i bimbi. La donna è una cosa importante, *sono le donne che sono le mamme degli uomini.*"

Io sono nato dalla mia mamma, per me la mia mamma è come una santa. La mamma per farti nascere può anche morire e ciò in Senegal succede molto spesso. Per questo l'amore per la mamma non finisce mai, da noi si dice che se uno aiuta la sua mamma, andrà in Paradiso. In Senegal quelli che amano la mamma sono molto ammirati, amare la propria mamma è considerato un onore.

La mia mamma mi ha cresciuto e mi ha dato un'educazione. Lei mi diceva sempre queste frasi *Wet gôré wetalikou gôré*; *So niaké na nga déssé gorr*; *Sotité na nga déssé fiit.*

La prima frase si può tradurre così: "Se sei da solo devi dire che non sei solo, metti sempre giù la testa come se una persona ti guardasse. Così non farai mai una cosa brutta."

La seconda frase vuol dire: "Anche se non hai niente, devi credere che hai qualcosa, perché se tu non hai niente e non credi che hai qualcosa, puoi andare a rubare qualcosa e se qualcuno ti vede sei finito. Credevi di non avere niente e sei diventato un *rubatore.*"

La terza frase significa: "Se hai paura devi vincere questa paura, perché se hai paura e non riesci a vincere questa paura, finirà male per te. Come se qualcuno vuole fuggire, prima di fuggire deve sapere che cosa ha visto e che cosa c'è per cui deve fuggire. Altrimenti, senti un colpo e fuggi e magari non era un colpo per cui dovevi fuggire."

Questo terzo proverbio assomiglia nel significato a un'importate parola senegalese che è *jom,* che significa coraggio. Bisogna avere *jom* sempre, in ogni occasione, perché tanto prima o poi occorrerà per forza sfoderare questa virtù al momento di morire, nell'ora della nostra morte. Ma allora tanto vale essere coraggiosi per tutta la vita.

Noi senegalesi quando parliamo con la mamma, anche per telefono, non alziamo mai la voce. Se lei è arrabbiata occorre saper sopportare. Io a volte non riesco a mangiare se la mamma è arrabbiata con me, mi struggo, mi sento male, mi mancano le forze finché lei non si è pacificata con me.

Il mio nome è anche il nome del babbo della mia mamma e lei spesso mi dice: "Tu sei fortunato perché porti il nome del mio babbo, tu sei il mio figlio e il mio babbo!"

Tante volte non riesco a prendere sonno perché penso a casa mia laggiù. Sono quattro anni che manco. Penso alla mamma e mi chiedo che succederebbe se io non facessi in tempo a rivederla prima che muoia. Per fortuna la mia mamma è giovane, essendo nata nel 1949.

A volte al telefono lei mi dice: "Non voglio niente, desidero solo posare i miei occhi sul tuo volto."

L'anno scorso ho lavorato moltissimo ed ho mandato i soldi a casa e un pacco di vestiti a mia sorella perché li vendesse a Dakar. Lei è riuscita a fare un buon commercio raggranellando qualcosa. Allora la mia mamma mi ha telefonato per sapere come doveva usare questo gruzzoletto ed io le ho risposto che ne potevano disporre a loro piacimento lei e mia sorella.

Quest'anno il lavoro è stato più difficile e ho ritardato a inviare il mio aiuto economico in Senegal. Una sera la mamma mi disse: "Ho paura, mi sembra che tu sia cambiato, prima mi davi soldi *veloce...*" Io la interruppi: "Mamma! Tu mi conosci bene, io non posso cambiare, io sono stato cresciuto da te…quest'anno è diffi-cile, tu non puoi immaginare come è duro qui, come noi viviamo, come facciamo per mettere in tasca qualcosa. Continua a pregare per me, il tuo figliolo è lo stesso, non cambierà mai. Fidati."

Quella sera, come tante altre sere, mi prese un'incontenibile nostalgia del Senegal. La nostalgia degli amici, di andare alla Moschea, delle cerimonie, dei battesimi, dei matrimoni. La no-stalgia dei profumi, degli odori.

A volte questa nostalgia mi prende alle spalle di sorpresa, magari parlo al telefono con mia sorella e le dico: "Ma cosa mangiate ora?" Magari mi risponde *mbakhal,* oppure *mafè,* oppure *thiéboujeun.* Questi cibi mi mancano. Mi manca la famiglia, i nipoti, i bimbi che venivano in casa, ed io per educarli dicevo loro: "Ci si comporta così! Ci si comporta così!" Io davo sempre una mano alla mamma e alla famiglia. Mi chiamavano il *Bay Fall* di famiglia, che vuol dire *colui che è sempre pronto ad aiutare la famiglia.*

Quando vendo i libri è tale il piacere di incontrare l'*altro,* di parlare con la gente, che la nostalgia del Senegal non mi assale. Sono così preso dal mio compito che anche se qualcuno mi offen-de, so parare il colpo e non cado mai a tappeto.

Una volta, in segno di saluto, volevo dare la mano a una perso-na. Lui mi ha detto: "Non ti do la mano!" Io gliene ho chiesto la ragione per cui lui ha chiarito il suo motivo: "La mia mano è pu-lita, se te la do, la sporchi." Allora io: "Va bene, però rispondimi, se ti tagli che vedi, sangue rosso, nero o bianco?" Lui: "Non so." Io: "E se mi taglio io cosa vedi? Sangue rosso! Ecco vedi, ora so che sei ignorante, ma anche se sei ignorante ti rispetto perché sei un essere umano. Il nostro sangue potrebbe essere bianco, verde o rosso, ma resteremmo comunque esseri umani."

Una volta ad un italiano che mi voleva offrire un drink, risposi: "Tu sei nato qui, hai visto i babbi e i nonni che *bevevano*, quella è la tua cultura, è perciò una cosa normale per te *bere*. Ma siccome noi siamo diversi per cultura e religione, io non ti posso dire 'non bere!' Ma se tu mi inviti a bere, io non bevo."

Una volta Silvia, la mia amica che lavora nel bar con suo marito Stefano, mi chiese se io avessi una ragazza o perlomeno se ci fosse qualcuna che mi piace. Le risposi: "Tutte *le genti* mi piacciono, le ragazze italiane sono bellissime, ma io non posso sfiorare nessuna di queste donne, perché noi musulmani e in particolare noi senegalesi, non possiamo toccare la moglie o la fidanzata di qualcuno. Anzi, se non hai fatto il matrimonio, non puoi far niente nemmeno con la tua ragazza. Se qualcuno mi vede baciare in strada ragazzi o ragazzi, è solo un segno di amicizia."

A volte delle signorine mi hanno detto: "Non hai nessuna nel tuo cuore?" Perché loro volevano una relazione con me. Ma io non mi sentivo pronto, non mi interessava.

Certo, a volte mi prenderebbe la voglia di avere una fidanzata italiana, ma sempre c'è un qualcosa che rende difficile la cosa, c'è una sottile linea di diffidenza e di paura che ostacola.

Una volta una bimba mi piaceva molto. Era di Livorno. Una mattina mi disse: "Stanotte ti ho sognato, ho fatto un sogno…" "E come era questo sogno?" ho chiesto io. "Eravamo in un ristorante e si mangiava insieme e si parlava di tante cose" mi ha risposto. "Di che cosa si parlava?" ho insistito io, "dimmi la verità!" E lei: "Mi vergogno." Ed io: "Va bene, comunque dimmelo." "Parlavamo di amore" fa lei. Allora ho capito che lei voleva qualcosa e ho sussurrato: "Coraggio, andiamo avanti, la vita è davanti a noi."

Tre giorni dopo lei è tornata con le sue amiche ed io ho intuito che qualcosa stava cambiando in questa storia, perché il problema degli italiani è che magari desiderano qualcosa, ma se l'entourage non è d'accordo, non puoi fare più niente. Anche un mio amico senegalese voleva sposare un'italiana, si erano già messi d'accordo su tutto, ma i genitori le hanno detto: "Se tu ti sposi con lui, noi ci trasferiamo in un'altra città e non vogliamo più vederti." E così i due promessi sposi hanno visto sfumare il loro matrimonio.

Dunque quando la mia bimba di Livorno è sopraggiunta con le sue amiche io, pur paventando il peggio, ho esclamato in modo scherzoso: "Ecco la mia fidanzata!" Le sue amiche si sono guardate, poi quasi in coro hanno sentenziato: "Strano questo fidanzamento, così improvviso!"

La mia bimba rideva, perché lei aveva capito ed accettava il verdetto delle sue concittadine, delle sue coetanee, delle sue compagne. E così ha precisato: "Macché, è solo un amico!"

Ecco che il suo piccolo mondo antico, le sue tradizioni familiari, come dicono i francesi il suo milieu storico, prendeva di nuovo il sopravvento su di lei. Lei aveva deciso; lei non voleva sorprese.

Allora io le ho risposto: "Io non voglio parlare con te, non ti riconosco nemmeno." Ora quando mi vede, ci salutiamo, ma poi lei prosegue per la sua strada. È diventa più fredda, lei ha cambiato idea per via delle sue amiche.

Nei momenti di difficoltà io trovo conforto con gli amici. I miei amici sembra che lo sappiano quando io ho bisogno di loro e mi vengono in soccorso.

L'amicizia è una cosa importante. Attraverso l'amicizia io posso trovare un fratello, un fratello non di sangue ma un fratello di cuore.

L'amicizia è una cosa *onorabile*. A volte mi capita di avere amici che mi danno una mano che io non mi aspettavo. Se io dico ad un amico: "Ma dai, io non te l' ho chiesto e tu ti fai in quattro per me!", lui risponde: "Tu non mi hai cercato, ma io mi do da fare per te perché sei simpatico."

Dunque non sono i soldi ciò che mi interessa di più, ma le *persone umane*, gli amici, i conoscenti. Recita un proverbio senegalese che "L'uomo è il rimedio per l'uomo" (*Mit mit moy garab am*).

Per esempio Cheik è un mio amico molto sincero, è *sincero di parole, sincero di lavoro, sincero di vita*. A volte quando io voglio fare qualcosa, mi rivolgo a lui, e lui mi dice la sua. Magari la cosa la puoi fare anche da solo, ma se l'amico *ti dà una parte della sua decisione*, vuol dire che ti vuole bene! Dunque un risultato lo hai già raggiunto, cioè puoi contare sull'affetto di uno che ti sta vicino. E ciò è benaugurate per l'attività nuova che vai ad intraprendere.

È chiaro che dare un consiglio ad una persona è sempre compromettente, perché se la cosa non va a buon fine è sempre un bel pasticcio per tutti. Per questo chi si prende la briga di esprimere la sua opinione, si assume una bella responsabilità e se lo fa è perché ti vuole bene.

Non a caso i genitori, che vogliono un bene infinito, sono sempre propensi a dare i consigli, non smettono mai di indicare la strada maestra, si arrabbiano se disubbidisci o non tieni conto delle loro parole.

A volte gli ammaestramenti dei genitori, lì per lì non ti tornano, non li capisci, magari ti accorgi che sono veri ad anni di distanza.

C'era un mio amico in Senegal che fumava di nascosto le sigarette, mentre il suo babbo che non si era accorto mai del vizio del figlio, sempre metteva in guardia i giovani del villaggio contro i danni del fumo.

Lui diceva che il fumo delle sigarette non soltanto fa male ai polmoni per le sostanze nocive che contiene, non soltanto fa male alla tasca per i soldi che occorrono per comprarle, ma che soprattutto fa male all'anima, rendendoti più propenso alle azioni cattive. Lui diceva a tutti: "guardate che il fumo brucia l'anima!"

Orbene, una volta un uomo che aveva questo vizio, per metterlo a tacere e non sentire ogni giorno le sue rampogne, gli disse: "Tu parli bene, eppure io ho sorpreso tuo figlio a fumare."

L'uomo prima negò risolutamente, poi rivolse uno sguardo interrogativo al proprio figlio, e lui, di rimando, scosse la testa come a significare "non è vero". E per essere di parola a quanto aveva comunicato al suo babbo, per non smentirlo e non farlo passare da bugiardo, da quel giorno smise col tabacco.

Una volta mentre tornavo a casa in treno conobbi una persona che mi strabiliò, perché, pur essendo un italiano, mostrò di avere capito perfettamente chi siamo noi immigrati.

Eravamo in tre nello stesso scompartimento, due italiani ed io. Uno di loro, sulla cinquantina, dal volto a bonaccione, con aria paternalistica mi chiese di dove ero e poi, con un tono di voce sommesso, come se parlasse a se stesso, iniziò a dire: "Poverini, io vi capisco, la miseria vi spinge ad emigrare, però siete troppi, dovreste stare di più a casa vostra. Voi venite a prenderci il lavoro, ad utilizzare i nostri ospedali, mandate i vostri figli nelle nostre scuole. Ma tutti questi servizi che vi vengono dati come pappa scodellata, a noi italiani, a noi del popolino, a noi proletari, ci sono costati anni di lotte sociali, di sacrifici, di sforzi. Io non voglio che voi soffriate la miseria nel terzo mondo, ma nemmeno che vi approfittiate di noi. Restate a casa vostra e lottate là, perché decolli l'industria e lo sviluppo economico. Noi occidentali vi dobbiamo aiutare in questo, insomma, come recita un antico proverbio: non vi dobbiamo regalare il pesce, ma vi dobbiamo insegnare a pescarlo."

Io non avrei saputo rispondere, ma per me lo fece l'altro italiano, le cui parole io condividevo, una per una.

Egli attaccò così:

"Intanto è vero il contrario di codesto tuo proverbio, perché siamo noi italiani che mangiamo il pesce che viene pescato dalle piroghe senegalesi, che si avventurano nell'Oceano per rifornire i nostri supermercati di orate, muggini, dentici e cernie. Inoltre, anche se fosse vero il tuo proverbio, non vedo il motivo di codesto *aut aut* , o il pesce o la canna da pesca. Si può fare tutte due le cose in contemporanea, cioè si può dare il pesce ed intanto insegnare a pescarlo. Oh, non lo dice anche la nostra religione che Gesù moltiplicò per mille i cinque pesci che aveva, onde offrirli a piene mani ai poveri che lo avevano seguito per ascoltare i suoi insegnamenti?"

Detto questo, costui, che a me parve un senegalese bianco per la foga con cui difendeva noi immigrati, continuò:

"Tutta questa gente che arriva quaggiù da noi, lo fa perché siamo noi che abbiamo creato le condizioni favorevoli a che ciò avvenga.

"Se noi occidentali ci fossimo accontentati di vivere frugalmente, senza gli sperperi del consumismo, non avremmo attratto tanti disgraziati ad affrontare pericoli e peripezie per raggiungere la nostra società del benessere.

"È successo come con l'innalzamento della temperatura del *mare nonstrum,* del Mediterraneo, che ha fatto affluire dallo stretto di Gibilterra, verso le nostre coste, una quantità esagerata di pesci tropicali che costituiscono ormai il 20% dell'insieme ittico. Inoltre, sempre per questi cambiamenti climatici, sono arrivate in gran numero le meduse, mentre le alghe, per via dell'inquinamento sono diventate tossiche, e in certi periodi, da Genova a Taormina, impediscono la balneazione. Provate ad andare a guardare i pesci nei torrentelli della Toscana o dell'Umbria, vedrete che sono spariti pesci, girini, ranocchi, vermi, ragnetti acquatici, a causa di un feroce predatore, un *Attila,* un gambero vorace giunto fino a noi dalle acque equatoriali, che aggirandosi simile a un anfibio militare, movendo in continuazione le taglienti chele rosse, distrugge come una peste ogni ben di Dio.

"Tutto è mutato dunque, l'Italia non è più l'Italia. A causa dell'*effetto serra* e dell'industrializzazione forzata, anche i nostri prodotti agricoli cambiano, non sono più gli stessi. Come farà mai l'olio d'oliva toscano a rimanere il buon olio d'una volta se le olive sono già mature a ottobre, belle e pronte per essere frante? Come farà il vino Chianti a rimanere Chianti DOC, se le estati torride gli fanno innalzare il grado alcolico, rendendolo simile a quei vini *forti* della Sicilia o della Puglia?

"Ma anche nel terzo mondo tutto è mutato, in Senegal da alcuni anni, anche in inverno, le famiglie che li possiedono, la notte tengono accesi i grandi ventilatori attaccati al soffitto. Per dormire in pace, perché la grande afa disturba il sonno. I pescatori che grazie al fresco dei venti di mare non soffrivano per le zanzare, ora sulle barche devono sopportare questo fastidioso insetto, per via dell'aria divenuta più temperata. Perciò gli immigrati che giungono disperati da noi, sono solo la prima avvisaglia delle moltitudini di *ecorifugiati* (rifugiati climatici al posto dei rifugiati politici) che prima o poi si indirizzeranno verso l'Europa.

"Dunque siamo tutti diventati *diversi*, siamo tutti estranei, siamo tutti stranieri. Se tu dici a un senegalese che lui è uno straniero, lui potrebbe ribattere che lo straniero sei tu rispetto alle tradizioni italiche, quando c'era ancora il culto della famiglia e della parsimonia, il rispetto dei genitori, l'attaccamento ai figli, il timor di Dio e la fede nell'aldilà.

"Noi italiani siamo emigrati da noi stessi, abbiamo abiurato dalle nostre tradizioni diventando *altri*, ormai quasi irriconoscibili rispetto a qualche lustro fa. L'altezza media nazionale è enormemente aumentata, i piedi si sono allungati, anche gli uomini si tingono i capelli, le donne si rifanno la bocca e il naso, tutti parlano con un linguaggio impoverito e stereotipato. Non ci sono più né vecchi, né giovani, in questo ballo in maschera della società del benessere, abbiamo perso l'identità e tutti siamo diventati *immigrati*.

"Ecco perché arrivano a frotte da noi uomini, donne e bambini dal terzo mondo, e nessuno li può fermare. Essi non vengono solo per cercare lavoro e fortuna, non arrivano soltanto perché gli industriali li chiamano e li lusingano come le *sirene* dell'*Odissea*, essi ci raggiungono per portarci in dono le cose preziose che noi abbiamo, ohimè, dimenticate: il sorriso, la voglia di parlare, il gusto di salutarsi, il piacere della compagnia, la disponibilità alla sorpresa, la mancanza di paura verso il prossimo, l'accettazione fatalistica delle difficoltà.

"Gli immigrati vengono a colmare questo nostro vuoto spirituale e finché resteremo così imbrigliati in una vita materialistica, non ci saranno né leggi xenofobe, né controlli polizieschi che potranno fermarli.

"D'altronde fino a qualche lustro fa eravamo noi occidentali ad andare da loro per colonizzarli e renderli schiavi, depredandoli e mandando in frantumi le loro economie di sussistenza. Non lamentiamoci perciò se, dopo aver distrutto le loro comunità, adesso ce li troviamo davanti casa.

"Successe così anche quando i Greci, partendo dall'Europa, fecero una spedizione punitiva contro la città di Troia in Turchia (Nord contro Sud) e la distrussero.

"Fra i pochi superstiti in fuga dalle rovine di Troia, c'era anche un certo Enea che, dopo molto pellegrinare, sbarcò *clandestinamente* nel Lazio, *fato profugus*, profugo per via di un destino avverso. Egli sposò Lavinia, una nobile fanciulla del posto, dando origine nientepopodimeno che alla stirpe che avrebbe fondato Roma, la città eterna.

"E poi bisognerebbe ricordarci di quando le potenze europee, per avidità di guadagno, gli immigrati se li andava a prendere direttamente con la forza in Africa, incatenandoli e facendoli schiavi. Ci volle la rivoluzione francese per abolire temporaneamente la tratta dei neri. Ma poi Napoleone ripristinò la schiavitù. Lui che aveva conquistato l'Europa al grido: *liberé, égalité, fraternité!*"

Così parlò il secondo italiano. Io lo ascoltai come si ascolta uno che sa tutto di te e che ti spiega il perché e il percome della tua vita. Quando finì il suo discorso, mi volsi verso di lui, non per guardarlo ma per accarezzare il suo volto con i miei occhi riconoscenti.

Per tutto il tempo di quella conversazione io non parlai. Ascoltavo e pensavo. Pensavo a Gorée, l'isola degli schiavi da dove partivano i bastimenti carichi di africani che venivano deportati nei campi di lavoro dell'America.

Gorée è a pochi chilometri da Dakar, a venti minuti di battello. È un'isola color pastello per le case rosa, gialle, ocra, albicocca e le *bouganvilles* che si inerpicano su vecchie mura scrostate. Un'isola fuori del tempo, che è rimasta così dall'epoca dei grandi navigatori del Settecento, dove sembra smarrirsi il senso del tempo. Nel 1978 Gorée è stata inclusa dall'UNESCO nell'elenco del patrimonio mondiale e dei siti da salvaguardare. La sua storia è travagliatissima ed è iscritta nei molti edifici d'epoca: fortini militari, dimore signorili, residenze governative, ora per lo più trasformati in musei. Una passeggiata fra le strade di Gorée è letteralmente un tuffo nel passato.

La prima volta che ci andai rimasi stupito dal fatto che tutte le costruzioni erano *all'europea*, secondo le architetture che sono consone al tipo di vita degli europei. C'era insomma questa atmosfera europea. Ed allora mi chiedevo: "Oh! Ma dov'è il posto dei neri? Dove abitavano i neri? Dove abitavano i nostri nonni di tanti anni fa?"

Rispose a queste domande Giuseppe Ndiaye che è il custode della memoria di Gorée, perché si è documentato su quello che succedeva nell'isola.

Lui mi fece vedere le foto di stanze piccole, basse di soffitto,

50

dove ci mettevano la gente. Erano stanzini adatti a metterci le bestie, stallucci per gli agnelli.

In quel momento la mia testa scoppiava e non capivo più niente. Pensavo: "Ma come è possibile che l'uomo bianco abbia potuto fare ciò?"

Gli schiavisti sceglievano i senegalesi più grandi e più forti per trasportarli oltreoceano nelle coltivazioni di cotone del Nord America; quelli più deboli e meno resistenti li trascuravano. Dunque io sarei stato preso perché sono alto e possente, io sarei stato destinato ad essere incatenato e portato via…

A volte gli italiani si meravigliano che noi senegalesi siamo sempre puliti ed eleganti. Pochi sanno che ciò è il frutto dell'educazione dei nostri vecchi, ma in particolare delle guide religiose, i nostri *marabut*.

Loro ci insegnano che prima di *fare la preghiera* bisogna essere puliti, puliti dentro e puliti fuori. Da questa ideologia, da questa filosofia, abbiamo imparato a non mostrarci mai sporchi o con vestiti trasandati.

Un'altra nostra caratteristica è quella di non arrabbiarci, anche se ci provocano.

Prima di reagire ad un'offesa il senegalese pensa alla famiglia che è giù e che prega perché non gli succeda nulla di male.

Noi non siamo violenti. In Senegal se uno fa una violenza è messo all'indice dai familiari.

Qui in Italia ogni senegalese si sente responsabile di quell'immagine di tolleranza e mansuetudine che gli immigrati della prima generazione hanno saputo costruire, stringendo i denti e sopportando di tutto. In questo impegno ognuno di noi si sente l'Ambasciatore del Senegal.

Se qualcuno mi dà una spinta, la mia prima reazione non è di rispondere ma di calmarlo dicendogli: "Questa non è una cosa giusta, questo non è umano."

Un'estate, a Follonica, dove mi trovavo per vendere i libri, andando in un bar ci trovai un albanese che aveva bevuto. Mi guarda e dice: "Ancora un uomo nero!" Ed io: "Come mai ti comporti così fratello?" Lui continua: "Sì, siamo tutti fratelli, ma io sono un bastardo di merda. Tu lo sai?" Ed è venuto vicino a me, proprio sotto il mio naso. L'ho redarguito: "Oh, anche se sei un bastardo di merda, non hai bisogno di venire vicino a me a dirmelo! Smettila!" Lui, infuriato: "Ah, allora mi vuoi picchiare, mi vuoi ammazzare!" Faccio io: "Non siamo arrivati a questo punto!"

C'era la padrona del bar che assisteva alla scena, mi sono rivolto a lei con queste parole: "Devi spiegare a questo signore che mi lasci tranquillo, che io prendo la colazione e poi vado a lavorare."

La signora si è rivolta all'albanese: "Hai sentito? Ora basta!" Ma lui è venuto ancora più vicino a me, quasi a sfiorarmi. Ed io, per tutta risposta, ho cambiato tono al mio discorso: "Oh, oh, guardami bene, guardami bene, quando mi arrabbio divento un'altra persona, non mi far arrabbiare!"

Quando lui ha sentito che parlavo *seriosamente*, si è messo la coda fra le gambe ed è andato via.

Dell'Italia mi piacciono le città. Sono bellissime, organizzate, pulite. Firenze è speciale, guardando Palazzo Vecchio mi sono chiesto come abbiano fatto a innalzare quella costruzione imponente tanti anni fa, quando non c'erano le gru e i ponteggi. A vedere quei pietroni, portati lassù a venti metri d'altezza, ho pensato che gli italiani antichi dovevano essere ben forti.

Una particolarità dell'Italia è che la gente sta in casa sua, la vedi solo se va a lavorare o è festa o c'è il mercato.

Da noi no, sempre vedi la gente. Tu ogni giorno pensi che ci sia una festa perché sempre *le genti* sono sulle strade. Qui la gente sta chiusa in casa e fa i *cavoli sua*, là, in Senegal, la casa è il mondo, le persone entrano, escono, parlano; ti parlano di niente e di tutto. *Tutto tutto, fanno tutto.*

DAL SENEGAL ALLE CANARIE E RITORNO

Tutto cominciò un brutto giorno nel settembre del 2005, quando una piroga di pescatori senegalesi (*lothios* in wolof, *cayuco* in spagnolo) non fece ritorno nel villaggio di Thiaroye, alla periferia di Dakar.

Passano le settimane e niente. Ogni speranza è ormai perduta, è chiaro che l'Oceano Atlantico se li è inghiottiti tutti.

Come vuole la tradizione nelle famiglie di pescatori, le donne si vestono di nero per il lutto. I capifamiglia del posto, dove quasi tutti vanno per mare a guadagnarsi di che vivere, aiutano le vedove a tirare avanti regalando loro qualcosa dei pesci che prendono.

Ma un bel giorno di dicembre, qualcuno guardando un canale televisivo internazionale, nel bel mezzo di un servizio da Tenerife nell'arcipelago delle Canarie, si accorge che in un campo profughi dell'isola, tenuti sotto sorveglianza dalla polizia, ci sono quei pescatori di Thiaroye che furon dati per dispersi.

La loro piroga era stata sbattuta su quella costa lontana da una terribile tempesta e loro erano riusciti a salvarsi raggiungendo alla meglio la terraferma.

Prima di allora nessuno avrebbe mai potuto immaginare che una piroga potesse arrivare fin laggiù.

È vero che un nuovo dispositivo elettronico denominato GPS permette ormai con precisione assoluta di trovare sempre la rotta migliore per qualunque mèta, e quindi, anche un equipaggio di pescatori costieri può raggiungere qualunque località senza perdersi al largo; ma che fosse possibile fare una traversata di 1400 chilometri con una barchetta, nessuno se lo sarebbe mai immaginato.

Senza metter tempo in mezzo, centinaia di giovani senegalesi tentarono di ripetere quell'impresa per emigrare in Europa.

Infatti, mettere piede su quell'arcipelago equivale a sbarcare in Spagna, poiché appena gli africani toccano terra alle Canarie, vengono presi in custodia dalle *fuerzas de seguridad* e successivamente sono tradotti nei centri di accoglienza della penisola iberica. Poi di là molti attraversano i Pirenei e vanno in Francia, Germania, Svizzera, Italia.

Si sa che i senegalesi tendono a imitare quello che fanno gli altri, per cui, dopo i primi tentativi andati a lieto fine, è iniziata una rincorsa spasmodica a questi *viaggi della speranza*.

Sono partiti a migliaia da ogni villaggio della costa, su barchette cariche stracolme da cinquanta a cento passeggeri a seconda della capienza dello scafo, per affrontare un viaggio rischioso che dura dai sette ai dieci giorni.

Il prezzo del biglietto di imbarco è subito salito alle stelle toccando i 750 euro. Poca cosa tuttavia rispetto ai soldi da sborsare per ottenere un visto turistico dalle autorità diplomatiche (3000 euro).

Nel 2005 sono stati 5400 gli immigrati giunti alle Canarie. L'anno dopo, da gennaio alla fine di settembre, la cifra si è quintuplicata raggiungendo quota 27.000 (ventisettemila!).

I naufragi di quelle piccole imbarcazioni sono all'ordine del giorno, le stime variano da 500 a 3000 annegamenti nel 2006.

Il viaggio è straziante. Accalcati come sardine in poco spazio, i migranti non hanno possibilità di muoversi. Stanno sotto il solleone di giorno e al freddo la notte; fanno i loro bisogni nei sacchetti di plastica, spesso si ammalano per gli stenti.

Quando il tempo della traversata si prolunga per un imprevisto, il cibo e l'acqua finiscono ed allora sono guai. Racconta uno di loro: "Ero malato, avevo il fuoco nello stomaco, sentivo la mia anima uscirmi dal corpo, pensavo di diventare pazzo, pensavo alla mia famiglia e mi dicevo che non l'avrei più rivista." (*J'étais malate, j'avais le ventre en feu, je sentais mon esprit partir, j'ai cru que je devenai fou, je pensais à ma famille, je me disais que je ne la reverrais jamais*).

Sentendosi bruciare la gola, alcuni bevono la propria urina, altri l'acqua del mare. (*Certains buvaient la mer et d'autres leur urine*).

L'acqua di mare viene inzucchera un po' prima di essere deglutita, ma inevitabilmente l'assunzione di questo liquido crea una perniciosa patologia che i medici delle Canarie riconoscono a prima vista: mani gonfie per i numerosi edemi.

Il pericolo della disidratazione è una costante per questi sventurati.

Racconta un inviato di *Le Monde* che certuni, privi di acqua da giorni, arrivano sulla terraferma con gli occhi gonfi e rossi di chi sta piangendo, ma quando se li toccano, stropicciandoli con le mani, si stupiscono non trovandoci le lacrime. Un'immagine da girone infernale!

Ricorda un giovane senegalese scampato per caso alla morte in una di queste spericolate peregrinazioni: "È il caldo che ci uccide: due miei compagni sono deceduti per insolazione dopo 5 giorni di viaggio. Si sono dovuti gettare in mare. Dopo ciò qualcuno di noi ha cominciato a delirare perché credeva di vedere i fantasmi."

Eppure la corsa a raggiungere le Canarie impazza, la frenesia di espatriare ha contagiato tutti. Moltissimi sono i minorenni che ci provano, perché una volta in Europa godranno di una protezione speciale e non saranno rimpatriati con la forza. Inoltre c'è da aggiungere le molte persone che giungono da tutta l'Africa con la speranza di trovare a Dakar un imbarco, qualunque sia. Arrivano perfino dal Pakistan e dallo Sri Lanka.

Il fenomeno di queste partenze ha dei riflessi economici destabilizzanti per un settore produttivo importantissimo per il Senegal, quello della pesca, che impiega direttamente o indirettamente 600.000 persone.

Infatti molti pescatori preferiscono attrezzare le loro barche per traghettare i disperati in cerca di fortuna, abbandonando il loro antico mestiere che era una risorsa fondamentale per la popolazione. Alcuni ristrutturano le piroghe, ne cambiano destinazione d'uso, ne saldano due insieme con un tronco d'albero per poter raddoppiare il numero dei passeggeri.

Gli stessi pescatori, approfittando della loro perizia nautica, sono i primi ad abbandonare il Senegal, facendo così mancare manodopera qualificata al comparto ittico della nazione.

Per evitare i controlli della *guardia costiera*, sovente gli *scafisti* fanno convogliare tante piccole imbarcazioni da diporto sulle scogliere di Gorèe, dove un naviglio più grande prende su fino a un centinaio di viaggiatori.

Dire Gorée vuol dire l'isola degli schiavi. Per secoli da Gorée partivano i vascelli carichi di uomini comprati dai negrieri, che li rivendevano ai latifondisti di cotone del Nord America.

Gorée evoca uno dei più grandi crimini contro l'umanità perpetrato dalle potenze europee. Durante questi viaggi che allora si chiamavamo *viaggi senza speranza*, il 40% degli schiavi moriva di stenti durante la traversata. Probabilmente è la stessa percentuale di morti che si hanno oggi con questi viaggi per le Canarie, che oggi però si chiamano *viaggi della speranza*.

Ma i parallelismi e le suggestioni fra lo schiavismo e l'emigrazione, potrebbero continuare a lungo.

Jesus si chiamava la prima nave con un carico umano diretta in America. *Los Christianos* è il nome del porticciolo a Tenerife dove sbarcano gli immigrati. *La Esperanza* è un'altra località di Tenerife dove è stato attrezzato un grande campo profughi.

D'altronde, come mai le Canarie venivano definite "la sentinella occidentale in Africa", ed oggi sono il colabrodo da cui passano migliaia di clandestini africani?

E poi, cosa c'entrano le Canarie con la Spagna? Come mai sono un territorio spagnolo se geograficamente appartengono all'Africa?

Lo sono per via del vecchio colonialismo, e per via della moderna invasione imperialistica del continente africano da parte delle multinazionali.

Ma ora i nodi vengono al pettine. Chi la fa l'aspetti! Una nemesi storica terribile minaccia oggi le nazioni occidentali. Prima invadevano e ora sono invase; logico, no?

Destra o sinistra, Zapatero o non Zapatero, questa marea di clandestini all'assalto della Spagna ha spaventato il regno iberico e il governo ha dato inizio ai rientri forzosi in Senegal.

Ma più che forzosi, sembravano rientri forzati, poiché gli immigrati neri erano riportati indietro su grandi bastimenti, non proprio incatenati, ma quasi. Ciò ha creato scandalo e ha fatto accapponare la pelle a tutti, spagnoli compresi; e allora si è corsi ai ripari. Zapatero ha avuto degli incontri ad alto livello con le autorità senegalesi per contrattare un controllo bilaterale dei flussi migratori. In cambio la Spagna ha offerto molti soldi per aiuti economici in funzione dello sviluppo agricolo e industriale del Senegal.

È la stessa cosa che ha fatto il primo ministro francese Sarkozy che, in cambio di un freno all'immigrazione, ha finanziato un faraonico piano di cooperazione (*codéveloppement*).

Dopo tutta questa bagarre diplomatica, oggi i rientri dei clandestini dalle Canarie vengono effettuati meno brutalmente, con più celerità, in aereo. Sono i cosiddetti voli charter della disperazione. Partono da Tenerife e atterrano a Saint-Louis, vecchia città coloniale francese.

Ogni volta una sessantina di indesiderati africani, sotto la scorta di 100 poliziotti, vengono riportati a destinazione. Essi si sentono umiliati ed ingannati perché quando sono partiti, speravano di andare verso nord, ma è soltanto in volo che li hanno informati della vera rotta.

In tasca, come *argent de poche*, hanno 15 euro della Croce Rossa e 50 euro delle Autorità spagnole, offerti per consolazione.

Ognuno di loro giura che ci riproverà. "Si vede che non era il mio momento" dicono fatalisticamente, "ma se Dio vuole io tornerò in Europa."

Tutti i rimpatriati non pensano che a rimbarcarsi, e i rischi non li preoccupano per niente.

L'importante è partire, non importa per dove. A chi rammenta che avventurarsi nell'oceano è un suicidio, rispondono che per suicidarsi bisogna essere vivi, mentre loro si considerano morti.

L'emigrazione è entrata nella cultura senegalese, il valore di un uomo si misura sovente sulla sua capacità di andarsene lontano, non importa dove.

Parimenti per le finanze statali, le rimesse degli immigrati in Europa costituiscono una fonte di ricchezza irrinunciabile: il 14% del prodotto interno lordo.

Il professor Bathily, che ha avuto l'incarico di ministro in un governo senegalese, durante un'intervista a Radio Futurs Médias (fondata dal cantante Youssou Ndour), ha dichiarato che la Spagna ha versato molto denaro come contropartita, per poter effettuare gli scali di rimpatrio a Saint-Louis.

Dunque i flussi migratori sono diventati un'ossessione per l'Europa, tanto che i governi pagano a peso d'oro ogni *refoulé*, ogni immigrato rimandato a casa.

Anche in Francia la campagna presidenziale sembra vertere più sul problema immigrati che sui temi economici.

I due contendenti a diventare capo di stato, si sono recati in

Senegal a proporre politiche di coordinamento nel controllo degli organizzatori della tratta degli immigrati. Addirittura la candidata socialista Ségolène Royal è andata nel villaggio di Thiaroye sur Mer ad incontrare le *madri coraggio* del Collettivo per la lotta contro l'immigrazione clandestina; ed è stata insignita del titolo onorario di madrina (*marraine*).

La presidentessa di questo Collettivo si chiama Yayou Bayam, ha 48 anni ed è diventata il simbolo della resistenza alla fatalità dell'esilio in Europa.

Tutto è cominciato il 7 marzo 2006 allorché il suo unico figlio Alioune di 26 anni, ha trovato la morte al largo delle Canarie che egli sperava di raggiungere a bordo di una piroga. Nessuno degli ottanta giovani che erano imbarcati con lui si è salvato.

Quando Tenerife era in vista, la piroga dove si trovava Alioune ha cominciato a imbarcare acqua. C'era un'altra barca piena di senegalesi che la seguiva, il comandante di quest'ultima ha gridato di buttare in mare il motore per diminuire il carico; intanto lui avrebbe proseguito a tutta velocità per scaricare a terra i passeggeri e poi sarebbe tornato indietro a salvarli. Ma non fece in tempo a portare soccorso perché una improvvisa mareggiata sommerse l'imbarcazione di Alioune e il *Titanic* dei poveri colò giù a picco.

Così i familiari delle vittime di Thiaroye (50 ragazzi), organizzarono i funerali comuni, e un mese dopo hanno costituto il Collettivo che raggruppa le 357 donne del villaggio che hanno perduto un figlio sulle *piroghe della morte*.

Le donne del Collettivo cercano in ogni modo di dissuadere i giovani a partire per l'avventura europea. Hanno impiantato delle cooperative per confezionare il cous cous precotto da esportare al nord, si impegnano a modernizzare i sistemi di pesca, lavorano a migliorare la produzione di arachidi. Cercano cioè di rinvigorire l'economia di sussistenza.

La loro è una lotta controcorrente in un Senegal abituato a sognare la fuga nei paesi ricchi, dove le famiglie si struggono che qualcuno di loro ce la faccia a riscattarsi dalla miseria, lavorando nelle industrie del Vecchio Continente.

In certi villaggi rurali le donne educano le figlie all'idea che devono sposare solo e soltanto un immigrato, onde godere dei molti benefici economici.

Però è accertato che, appena gli immigrati sono in Europa, immediatamente scatta nei loro cuori la nostalgia per il paese natio.

È tale questo desiderio che subito i senegalesi fanno un'assicurazione, che preveda il trasporto della salma in Senegal nel caso di morte. Vogliono avere cioè la garanzia che il loro corpo torni alla terra d'origine.

Se qualcuno non è assicurato, parte immediatamente una colletta della comunità degli immigrati per riportarlo a casa. La cifra da raggiungere è di settemila euro.

Quando il defunto torna in Africa, la bara è stata chiusa e zingata secondo le norme CEE e in nessun caso potrebbe essere riaperta.

Ma regolarmente i parenti vogliono guardare per l'ultima volta il loro caro, e forzano le chiusure.

E succede una cosa straziante, perché magari sono anni che il poveretto è stato lontano, ed allora c'è in tutti la gioia di rivederlo, ma lui è morto e allora il dolore stringe i cuori. Perciò a tratti sorridono e a tratti piangono e urlano.

Ciò fa capire che quando il corpo scompare nell'oceano, i parenti essendo privati della cerimonia del commiato, non possono sfogare il dolore ed elaborare il lutto.

Le *madri coraggio* di Thiaroye sur Mer non vanno più sulla spiaggia perché non vogliono sentire il rumore delle onde che ricordano ai loro cuori i figli perduti: fra loro e il mare è avvenuto un divorzio!

Invece nel cimitero barocco Santa Lastenia, a Santa Crux nelle Canarie, un muro accoglie una serie di loculi anonimi. Nessun fiore, nessuna targhetta. Nessuno ha giudicato utile di scrivere un minimo omaggio all'essere umano che riposa là.

In tutto sono quindici tombe.

L'Oceano ha accettato di restituire quei corpi soltanto; un'infima parte del suo bottino.